発見！ 体験！ 工夫がいっぱい！

ユニバーサルデザイン

監修 川内美彦
東洋大学ライフデザイン学部教授

学研

UD 「工夫」は、なぜ？ だれのため？

今は、水道のレバーを動かせば水が出て、スイッチを入れれば電気がつき、炊飯器にお米と水を入れて炊けば、おいしいご飯を食べることができます。パソコンやスマートフォンを使えば、さまざまな情報がすぐに手に入り、バスに乗れば、目的地まで連れていってくれて、きっぷがなくても電車に乗ることができます。わたしたちは、そんな生活に「なぜかな？」とも思わずに暮らしています。

でも、ここで少し考えてみましょう。

こんなふうに便利に（不便を感じないで）暮らせるようになったのは、なぜでしょう。

それは、今までたくさんの人たちが、考え、技術を高め、工夫をしてきたからです。その積み重ねなのです。

では、これらの工夫は、だれのためにしてきたのでしょうか。

それは、それらを使うすべての人のためです。

こうした「なぜ？」と「だれのため？」という疑問から、この本が生まれました。

UD 「ユニバーサルデザイン」とは…

この本では、そんなさまざまな工夫を、52の物やことがらについて、紹介しています。

たとえば、食品ラップ P106 やスプーン P120 。日常使う道具に、だれにでも使いやすい工夫がたくさんこめられています。

このように、ひとつひとつの物やことがらに、「より多くの人が使いやすい」という性質がある場合、それをユニバーサルデザインといいます。

でも、ひとつの物やことがらでは、すべての人の要望に応えることができないことも、もちろんあります。そこで、いくつかある中から、使う人が選べたり組み合わせたりすることも、大切です。

この本で紹介している物やことがらのなかにも、それだけでは「ユニバーサルデザイン」とはいえないものがあります。

たとえば、「手話」 P66 は、ろう者＊が日常的に使っていることばから工夫されてきた言語です。「点字」 P62 は、視覚障害者が使いやすいように工夫されてきた文字です。そのひとつひとつは、「ユニバーサルデザイン」とはいえません。だれにでも使いやすいものではないからです。でも、人に何か伝えたいことがあったとき、伝える方法がさまざまあること（この本でもいくつかの方法を紹介しています）、そのなかで、自分に合った方法を選べるということが、ユニバーサルデザインの考え方として大切です。

それに、もしキミが手話や点字を覚えたら、ＵＤトーク P54 の使い方を覚えたら、友だちが増えて、世界はどんどん広がりますね。

＊聴覚障害者のことを「ろう者」ともいう。

ユニバーサルデザインの工夫、進行中！

もしかしたら、キミがこの本を読んでいるころは、もっとすごい工夫ができて、もっとみんなが暮らしやすい社会になっているかもしれません。ユニバーサルデザインのための工夫は、どんどん進化し、広がっているからです。

それはきっと、みんながユニバーサルデザインのことを考え、まだまだ工夫が必要なのだと思っているからではないでしょうか。まだまだ不便だったり、困難や不公平を感じたりしている人がいる、ということではないでしょうか。

ユニバーサルデザインは、「だれも」が不便なく使えるということです。でも、障害のある人の中にはまだまだ不便や困難や不公平を感じている人が、とくに多いのかもしれません。

いろいろな人がいることを知ってほしい

そうした障害のある人のことを考えてほしい、というのも、この本で伝えたいことのひとつです。

2016年4月に施行された「障害者差別解消法」 P136 という法律のことを、この本では紹介しています。

障害と呼ばれるものにも、さまざまあります。世の中には、そうしたさまざまな人がいるということ。そのことを知ってほしいと思っています。もしかしたら、キミの友だちの中にも障害のある人がいるかもしれませんね。

もしそのことを知っていれば、キミもみんなでいっしょに遊ぶときの工夫ができるかもしれません。友だちのために、社会のためにできることがあるかもしれません。そして、きっともっともっとユニバーサルデザインが広がっていくでしょう。

この本の使い方

この本では、2ページごとにひとつの物やことがらを取り上げています。もちろん、好きなところから、好きに読んでほしいのですが、以下のことも参考にしてみてください。

 左のマークは「●ページを見てみてね」という意味。そのページには、ことばの意味がのっていたり、関連した物やことがらがのっていたりします。

 紹介している物やことがらがどのようにしてできてきたのかが書かれています。少し難しいかもしれませんが、どんな工夫が今まであったのかを知ることは、とても大切なことです。

 その物やことがらについて、もっと知ってほしいことが書かれています。これも、少し難しいかもしれませんが、興味があったら読んでみてください。

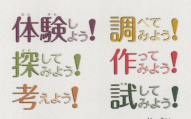

これらのコーナーは、実際にキミに行動してほしいことが書かれています。できれば、友だちともいっしょに！

●取材は、2016年6月〜11月に行いましたので、取材内容はその当時のもの。データや名称などは、2016年12月現在のものです。

はじめに	2
この本の使い方	3
調べてみよう！ ユニバーサルデザインの7つの原則	8

1 移動する ——— 9

白杖	10
歩行誘導ソフトマット	12
考えよう！ ある人にとって便利なことが、ある人にとっては不便になることがある。どうしたらいいかな？	14
階段の手すり（歩行補助手すり）	16
動く手すり	18
電動車いす	20
使っているよ！ 電動車いすがあれば、心とからだが同時に動かせる！	22
補助犬用ハーネスと胴着	24
義足	26
電動アシスト自転車	28
歩行器	30
観光バス	32
コミュニティバス	34
UDタクシー	36
ライトレールトランジット（LRT）	38
駅のホーム柵	40
自動券売機	42
自動改札機	44
交通系ICカード	46
交差点の信号機	48
歩行者信号用押ボタン箱	50
探してみよう！ エレベーターには、どんな工夫があるかな？	52

発見！体験！工夫がいっぱい！
ユニバーサルデザイン もくじ

2 つながる ——————53

- UDトーク ——————54
  - 使っているよ！ UDトークは、本山くんにとってのメガネ。授業が楽しくなった！ ——————56
- スマートフォン ——————58
- レインボーフラッグ ——————60
- 点字 ——————62
  - 体験しよう！ 点字の表①②・練習・P64の写真の点字と意味・読んでみよう
  - 探してみよう！ 点字はどこにあるかな？ ——————64
  - 考えよう！ ほかにどんな所に点字があったらいいのか、考えてみよう。 ——————65
  - 調べてみよう！ 点字はどうやって書くのかな？ ——————65
- 手話 ——————66
  - 体験しよう！ 手話を覚えて、友だちを増やそう！ ——————68
- UD書体 ——————72
- コミュニケーションカード＆スタンプ ——————74
  - 作ってみよう！ コミュニケーションボード ——————76

3 楽しむ ——— 77

- テーブルゲーム ——— 78
- 触図ペン ——— 80
- UD絵本 ——— 82
- ミライスピーカー ——— 84
- UD映画館 ——— 86
- スタジアム ——— 88
- 公園の遊具 ——— 90

考えよう! すべり台で車いすの子どもはどう遊ぶ？ ——— 91

探してみよう! 公園のユニバーサルデザイン ——— 92

- 洋服のタグ ——— 94
- さわる腕時計 ——— 96
- レストラン ——— 98
- 公共トイレ ——— 100

考えよう! みんなで楽しむには、どんな工夫をすればいいのかいろいろ考えてみよう！ ——— 102

発見！体験！工夫がいっぱい！
ユニバーサルデザイン もくじ

4 暮らす ——— 103

- ステープラー ——— 104
- 食品ラップ ——— 106
- ハンドソープ ——— 108
- 食品容器 ——— 110
- 試してみよう！ どんな容器がユニバーサルデザインかな？ ——— 112
- ロボットそうじ機 ——— 114
- 会話するロボット ——— 116
- 炊飯ジャー ——— 118
- スプーン ——— 120
- UDグリップ包丁 ——— 122
- ベッド ——— 124
- 電子体温計 ——— 126
- 飲み薬 ——— 128
- 注射針 ——— 130
- 病院のピクトグラム ——— 132
- 作ってみよう！ ピクトグラムを作ってみよう！ ——— 134

障害者差別解消法って、何だろう？ ——— 136
さくいん ——— 142

調べてみよう！ ユニバーサルデザインの7つの原則

「ユニバーサルデザイン」ということばは、1980年代、アメリカで生まれた。建築家で教育者でもあるロナルド・メイス（ロン・メイスとも）が提唱した考え方。それは、「すべての人にとって、できる限り利用可能であるように、製品や環境をデザインすることであり、設計変更や特別なデザインなどが必要なものであってはならない」というものだ。

ロナルド・メイスを中心に、建築家や研究者、工業デザイナー、技術者などのグループがまとめた次の「7つの原則」が有名だ。

★英語のできる人は、英語の部分を辞書で調べてみよう。

原則1 だれにでも公平なこと
Equitable Use
できる限り、すべての人が、いつでもどこでも、同じように使いこなすことができること。

原則2 使い方が自由であること
Flexibility in Use
使用するときの自由度が高いこと。たとえば、右ききの人でも、左ききの人でも、思い通りに使えること。

原則3 使い方がかんたんなこと
Simple and Intuitive Use
使い方がとてもかんたんで、ひと目見ただけでも、すぐに使い方が理解できるわかりやすいつくりになっていること。

原則4 わかりやすいこと
Perceptible Information
使う人の知りたいことが、わかりやすくていねいに説明されていること。

原則5 安全なこと
Tolerance for Error
使うときに安全、安心であること。もしうっかりミスで、まちがった使い方をしても、できる限り危険につながらないこと。

原則6 つかれにくいこと
Low Physical Effort
使用中からだへの負担が少なく、少ない力でも使用ができること。長い時間使っても、どんな姿勢で使っても、つかれにくいこと。

原則7 空間があること
Size and Space for Approach and Use
だれにでも使える大きさ、広さがあること。使う人のからだの大きさや、姿勢、動きに関係なく、らくに使いこなすことができること。

調べてみよう！

キミの身のまわりにあるものは、それぞれ上の原則に当てはまっているかな？
次のものを調べてみよう。

- えんぴつ・消しゴム・ノート・ペンケース・はさみ・ステープラー・下じき
- 机・いす
- テレビのリモートコントローラー

1
移動(いどう)する

家から学校や仕事先へ、学校や仕事先から習いごとや買い物をして家へ。
休みの日は、旅行(りょこう)に行ったり、映画(えいが)やスポーツを見たりと、
みんないろんな所へ移動(いどう)する。
だれでも、いつでも、好きな場所に、安全に行くためには、
どんな工夫(くふう)があるのだろうか。

白杖(はくじょう)

視覚障害者の安全な移動のために

白杖は、視覚障害者＊が歩くときに使う白い杖。安全に移動するために、歩く場所の情報を杖の先から得ているよ。

＊視覚障害者とは

めがねをかけても一定以上の視力が出ない、あるいは、視野がせまくなったり、欠けたりして、よく見えなくて日常生活にさしさわりがある状態を、視覚障害という。視覚がほとんどない人を「全盲」、見えにくい人を「ロービジョン」と言うこともある。「見えない」人だけではなく「見えにくい」人もたくさんいる。そういう人も白杖を使う。

白杖の3つの役割

白杖には、次の3つの大切な役割がある。

1. まわりの状況や路面の変化などの情報を探って知る。
歩いているときに、手でさわって確かめられない遠くのものを知ることができる。道路のようすや障害物などを知るための、いわば「指先」の代わり。

2. 安全確保
からだを支え、何かにぶつかったときの衝撃をやわらげて、からだを守る。

3. まわりの人に、視覚に障害があることを知らせる。
視覚障害者であることを知らせれば、注意してもらうことができる。

白杖の歴史

昔から視覚障害者は杖を使って歩いていたが、自動車の普及で交通量が多くなり、危険を感じたイギリスのジェームス・ビッグスが、自分の杖を白くぬって運転手から見やすいようにした。1921年ごろのことだ。

フランスでは、視覚障害者の安全のために白い杖が1931年ごろから広まっていった。同じころ、アメリカでもイリノイ州ピオリアのライオンズクラブ(世界的規模の社会福祉団体)が白い杖の大切さをうったえ、全米から世界に広めていった。

チップ(石突) 工夫

白杖の先端の部分。ゴムでできたもの、大きくてひっかかりにくい「マシュマロチップ」、回転する「ローラーチップ」、「パームチップ」などの種類がある。

「ローラーチップ」は、杖を軸として横方向に回転。杖を左右にスライドさせることで、より多くの路面情報がわかる。「パームチップ」は、中心にゴムが入っていて、細かい段差などをよけやすい。

ロングケーン

白杖の3つの役割を持つものが通常の白杖として考えられ、「ロングケーン」と呼ばれている。みんながよく目にするものだ。

視覚障害者であることを知らせるためだけの「シンボルケーン(IDケーン)」は、短く細い。

取材協力●社会福祉法人 日本盲人会連合

1 移動する　白杖

社会福祉法人 日本盲人会連合 会長
竹下 義樹さん

「白杖SOSシグナル」*というものがありますが、シグナルを出していなくても、白杖を持つ人が困っていそうだったら、「何かお手伝いすることはありますか？」「お困りですか？」と声をかけてほしい。もしかしたら、人を待っているだけかもしれないけれど、だれかが自分を気にかけてくれていると感じて、みんなうれしいですよ。喜びます。

時々、自転車に杖の先をふまれてこわれることがあります。白杖は折れたり曲がったりすると、使えなくなって歩けなくなるので、気をつけてくださいね。

*「白杖SOSシグナル」は、白杖を持つ人が困ったときの合図。白杖を頭上50ｃm程度にかかげてSOSを示す。

グリップ

手でにぎるところ。まっすぐで、手からはなれないように手首にかけるひもがついている。曲柄というU字型に曲がったものや、ゴムでできたものなどもある。

シャフト

柄の部分。木製、グラスファイバー*製、アルミ製など、さまざまな素材を使ったものがある。反射テープを巻いて、より目立つようにできる。

*グラスファイバーはガラスをとかして繊維にしたもの。軽くて、強度がある。

もっと知識

視覚障害者が白か黄色の杖、または盲導犬を連れて歩くことは「義務」として、道路交通法という法律に定められている。

そうした人を見かけたまわりの人は、安全に道を歩くことができるように気をつけて、手助けをしようと努めなくてはいけない。車を運転している人は、一時停止や徐行（ゆっくり）運転をしなくてはいけない。

社会福祉法人 日本盲人会連合 用具購買所
小川 敏一さん

どの白杖が良いのかは、その人の歩き方、好みによるので、「これがおすすめ」というものはありません。

私も白杖を使っていますが、歩くときは、足の裏や杖から伝わる路面の感しょく、杖でたたいたときの音に加えて、ただよってくるにおい、風などを、いろいろな感覚を使って感じています。

白杖の種類

まっすぐな「直杖」、小さく折りたたんで持ち運びできる「折りたたみ式」のほか、自分に合った長さに調節できる「フリーストップ」、足腰の弱い人がからだを支えながら歩く「身体支持併用」などがある。それぞれのからだや障害の状態によって、選ぶことができる。

最近は、足元だけでなく、正面や上の空間の障害物を知ることができる、超音波センサーが先端のチップについた「電子白杖」もある。

電子白杖／折りたたみ式

歩行誘導ソフトマット

屋内は視覚障害者歩行誘導ソフトマット「ホドウクンガイドウェイ」で！

視覚障害者が歩くときに頼りにしている点字ブロック（視覚障害者誘導用ブロック）は、屋外にはあっても、建物の中にはほとんど敷かれていない。このマットは、屋内で視覚障害者を誘導するため考えられたものだよ。

〈表〉

発見 すべりにくい
表面は、水はけを考えたデザインなので、雨の日でもすべりにくくなっている。

工夫 いろいろな色で楽しめる
ロービジョン＊の人は、明暗の差が大きければ誘導路がわかるので、色は黄色でなくてもよい。たくさんの色があるので、空間を楽しくデザインできるね。暗やみで光る素材のものもあって、非常時の誘導表示としても役に立つよ。

＊病気やけがなどのために十分な視力が出ない、視野がせまくなるなどの状態を「ロービジョン」と呼ぶ。視覚障害のひとつ。

点字ブロックの歴史
点字ブロックは、1965年（昭和40年）に三宅精一さんによって考案され、1967年（昭和42年）3月18日、岡山県立岡山盲学校に近い国道の交差点周辺に、世界で初めて敷かれた。
　その後さまざまなブロックが作られて広まり、視覚障害者から統一してほしいとの要望が出されたため、JIS（日本工業規格）＊は、2001年（平成13年）に点字ブロックの形を決めた。
　2012年（平成24年）、点字ブロックの国際規格は、日本のJISをもとに定められ、今では150か国以上の国に広がっている。

＊JIS（日本工業規格）は、日本の工業製品について統一する決まり。

発見 めくれにくい
裏のふちにみぞを入れることで、めくれにくくなっている。

裏にでこぼこがある
裏の細かい突起（でこぼこ）が、白杖でたたいた時の感覚のちがいを生み出す。

〈裏〉

1 移動する　歩行誘導ソフトマット

区切りはエッジ型を使う〔発見〕
曲がり角や誘導の終わりなどの区切りには、エッジ型を使う。裏面には突起（でこぼこ）がなく、ほかのマットとたたいたときの感じを変えている。

〈エッジ型〉

取り外しもかんたん〔発見〕
両面テープで床にはりつけるので、取り外しがかんたん。使う場面によって敷き方を変えて、体育館やイベント会場に活用できるね。

ピクトグラム*を表現できる
シールをはれば、ピクトグラムや文字をのせることもできるので、バス・タクシー乗り場や地下鉄、案内所やコインロッカーなどの位置を知らせるにも便利だ。外国人にもわかりやすいし、災害時の避難所にあると、いろいろな人の助けになる。

*ピクトグラムは、伝えたいことを単純な絵や図記号で表すもの。▶P132・134

取材協力●錦城護謨株式会社

白杖でたたくと音と感じがちがう〔工夫〕
「白杖でマットをたたいたときと床をたたいたときの音と感触のちがい」と、歩く時の「足裏に伝わるゴムのやわらかい質感」で、視覚障害者を安全に誘導することができる。

だれもがらくに通れる
マットのいちばん厚いところはJISの点字ブロックより厚い7mm。ただし、端は約3.5度の角度をつけたスロープにして、1mm以下までうすくしている。だから、足先が上げにくい高齢者やまひのある人、小さな子どもがつまずきにくく、車いすやベビーカー、キャリーバッグもらくに通れる。病院のろうかに敷いても、点滴の台や移動式ベッドが通りやすい。

約3.5度

錦城護謨株式会社 代表取締役社長 太田 泰造さん

ホドウクンガイドウェイのもとになったゴムマットを発明したのは、島根県の視覚障害の方です。中途失明された方ですが、点字ブロックのように段差で誘導するのではなく、音や感触など人の持つさまざまな感覚を使うしくみを考えたのです。

その販売の手伝いをしているうちに課題が見えてきたので、改良した製品を作ることになりました。改良には、視覚障害者だけでなく、車いす使用者やデザイナーなど多くの方の意見を聞いたので、さまざまな人のことを考えた製品になっていると思います。

その施設の特性や、どういう人が来るのかによって、点字ブロックとこの製品の使い分けができていけばよいと思います。

視覚障害者が、ガイドしてもらわなければ行けなかった所にひとりで行ける、ということが実現すればいいですね。

考えよう！▶P14

考えよう！

ある人にとって便利なことが、
ある人にとっては不便になることがある。
どうしたらいいかな？

視覚障害者が移動するときに頼りにする点字ブロック（視覚障害者誘導用ブロック）は、JIS（日本工業規格）＊で形や大きさが決められている。

このブロックは、主に視覚障害者が歩道を安全に歩くことを考えて作られていて、白杖やくつをはいた足の裏の感覚でもはっきりわかるように、突起（でこぼこ）の高さが5mmになっている。

しかし、この高さだと、車いすやベビーカー、キャリーバッグなどの車輪はガタガタして通りにくい。また、からだの片側にまひのある人や、つま先を上げて歩くことが難しい高齢者にとっては、5mmでもつまずくことがある。かかとの高いくつでも歩きにくい。

視覚障害者にとって必要な点字ブロックが、ほかの人にとっては不便なものになっている。

さて、どうしたらいいのだろう？

＊JIS（日本工業規格）は、日本の工業製品について統一する決まり。

点字ブロックの 種 類

点字ブロックには、次のような種類がある。

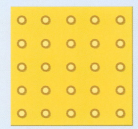

警告ブロック
危険な場所や止まったほうがよい場所を示す。

誘導ブロック
進行方向を示す。

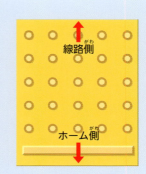

ホーム縁端警告ブロック
ホームの端を警告する。

解決案その1　人の力で解決する

　東京都の羽田にある「東京国際空港旅客ターミナル」では、施設をつくるときに、設計をする人、工事をする人、器具などの会社の人だけではなく、さまざまな障害のある人たちや空港を利用する一般の人たちが、使いやすさについて何度もワークショップ（共同研究会）を行って話し合ったり、試してみたりした。
　その結果、点字ブロックは少なめに敷くことにして、視覚障害者に対してはコンシェルジュ（空港やホテル内の案内をする人）が案内をすることにしている。

取材協力●東京国際空港ターミナル株式会社

解決案その2　デザインの力で解決する

インテリアデザイナー
桑波田 謙さん

　ある人のバリアを取り除いたら、別の人のバリアになる。それでは、ユニバーサルデザインとは言えないですよね。
　点字ブロックがないと不便な人、点字ブロックがあることで不便に感じている人たちが、おたがいに話し合えばいいわけですが、ただ話し合いをしても問題を解決するのはとても難しいことです。話し合う場に必要なのはそれぞれの不便さを解決できる技術や知識を持ち、さまざまな角度からよりよい解決方法を提案できる、ぼくたちのようなデザイナーだと思っています。
　ぼくたちが考えた屋内用の点字ブロックは、床タイル・床シート用のもので突起の高さが1.8mm、カーペット用の突起の高さは1mmしかありません。これぐらいの高さなら、からだの片側にまひのある人や高齢者もつまずきにくいのです。
　道路は、路面がでこぼこしていたり素材もさまざまだったりするので、突起が高くないと白杖や足の裏で点字ブロックを感じることができないのですが、屋内は、床に使われている素材が平らで、きれいに整っているので、突起が低くても視覚障害者が歩くのに迷うことがないことを確かめています。
　突起がより低いカーペット用のものは、床に敷いてあるカーペットとゴム製の点字ブロックの素材のちがいを白杖や足の裏で感じることができるので、突起が低くても、素材のちがいで誘導ができるのです。

桑波田さんたちが作った屋内用の点字ブロックとカーペット

　色も、明度の差があればロービジョン＊の人でもわかるので、黄色だけではなく、建築物の床によく使われるグレーを用意しています。グレーなら、建築空間の統一感や美しさに影響が少ないからです。
　また、ロービジョンの人の誘導は、ブロックだけでなく、照明の使い方、色の使い方などでも工夫ができます。建築は歩道とちがって空間全部をデザインできますから、何かひとつのものだけで解決しようとしないで、いろいろな方法で解決策を見出していけばいい。いろいろな人のバリアを、デザインの力で解決できたら、それがまさにユニバーサルデザインということですよね。

＊ロービジョン　P12

取材協力●株式会社クワハタデザインオフィス

ほかにどんな解決方法があるかな？
キミはどう思う？
みんなで話し合ってみよう。

階段の手すり
（歩行補助手すり）

使いやすい階段の手すり

駅や学校、図書館や博物館などの公共施設、歩道橋など、階段のあるところは多い。エレベーターもエスカレーターもない、そんな階段を上り下りするときに、助けてくれるのが、「手すり」。手すりには、高齢者や障害のある人、けがをした人、子どもを連れた人にも安全に移動してもらうためのさまざまな気配りや工夫があるよ。

手すりの役割

高齢者の中には、視力や運動能力の低下で、バランスをくずし、転んでけがをする人がたくさんいる。また、小さい子どもを連れた人や障害者、病気やけがで治療中の人も同じような危険がある。階段の手すりは、そのような人たちがあやまって階段から落ちてけがをするのを防ぐ役割があるのだ。
今では、たくさんの人が利用する役所、駅、銀行、デパート、病院などの公共の建物や住宅では、階段だけでなく、ろうかなどにも手すりのある環境が自然になってきた。

工夫　高さ
高さを変えて、2本の手すりをつけることで、さまざまな人が使いやすくなる。ここでは、高齢者をふくむ多くの人が使う75～85cm程度の高さと、子どもや背の低い人、車いすでスロープを移動する人が使いやすい60～65cm程度の高さの2段になっている。

工夫　端は下向き
手すりの端の部分は、服のそで口を引っかけてしまうことがないように、下向きに曲げてある。

取材協力・写真提供●ナカ工業株式会社

手すりのわかりやすさ

そこに手すりがあることに気づいてもらうために、手すりはまわりの色とはっきりちがう色にする工夫が必要だ。

また、手すりにつける文字は、JIS（日本工業規格）＊では、視覚障害者が読みやすい点字と、ロービジョン＊の人や高齢者が読みやすいすみ字（黒い文字）にすることを定めている。

すみ字は、コントラストのはっきりした大きなゴシック体で説明表示すること、点字の取りつけ位置は、「壁ぎわに寄せる」こと、「2段手すりの場合は、上部の手すりに表示する」ことなどもJISで決められている。

＊JIS（日本工業規格）は、日本の工業製品について統一する決まり。
＊ロービジョン ▶ P12

手すりをつなぐ

歩くときに不安のある人にとって、手すりはつながっていることが大切。とくに視覚障害者は、なめらかにつながっていると、歩きやすい。だから、壁のないところにも手すりを取りつけてある。

支えの位置　【工夫】

手をすべらせて使うので、手の動きのじゃまにならないように、壁に取りつけるための「ブラケット（支え）」は、手すりの真下につけている。

もっと知識　太さと形

手すりは、必要なときにしっかりにぎってからだを支えるものなので、太すぎても細すぎてもいけない。

切り口の形で見たときに、円形の一般的な手すりは、直径32mm〜45mmぐらいの太さがある。細めのものは、高齢者や子どもがしっかりにぎりやすく、太めのものは、軽くにぎって手をすべらせながら歩くことができる。

切り口がだ円形の手すりは、手のひらにふれる部分が大きく、安定感があるので、からだのバランスがとりやすい。

切り口が平らな手すりは、高齢者や手に障害がある人など、手すりをにぎるのが難しい人が、手やひじでもたれかかるのに適している。

円形のもの　　だ円形のもの　　平らなもの

1 移動する　階段の手すり

動く手すり

坂の町の移動を助ける、動く手すり「SARUKU*（斜面地移動支援機器）」

町なかにある階段を上り下りするときに使う「手すり」。モーターの力でゆっくり動いて、階段の上り下りが難しい人や、つらい人を助けてくれる。階段の上り下りがつらいために、外出をあきらめたり運動不足になったりしている人に、少しでも外へ出てからだを動かしてほしいと長崎市に作られたよ。

*さるく＝「ねりあるく、うろうろする」という意味の、長崎地方のことば。

工夫

ゆっくり動く

スピードは、1分間に約7m。とてもゆっくりなので、杖をついている人や、大きな荷物を持っている人、初めて使う人でも無理なく使える。将来は、スピードを数段階に設定して、使う人が好きなスピードを選べるようになる予定だ。

さわると動き、はなすと止まる

手すりにはセンサーがついていて、さわるだけで動き、手をはなすと自動で止まる。いろいろな人が使えるよう、にぎらなくても動くようにした。

上る時は「手すりがみちびいてくれる」感じ、下りるときは「前のめりにならないように支えてくれている感じ」がする。

どうして階段の上り下りが安心と感じるの？

高齢者や手助けが必要な人は、階段の上り下りで大きな動きをすると、からだのバランスがうまくとれず、ふらふらしてとても危ない。また、足が痛かったり、自由に曲げることができなかったり、筋力が低下していると、階段を上るよりも下りる方が不安に感じてしまう。

この動く手すりは、使う人のからだのバランスを支えられる高さと形になっているので、ふらふらせずに上り下りができるのだ。

設置がかんたん

もともとついている手すりやガードパイプを使えるので、お金のかかる大きな工事をしなくても設置できる。動く手すりを使いたくない人は、もともとついている手すりを使って上り下りできる。

地域で見守る

長崎市十人町にある階段の動く手すりは、2015年に取りつけられた。信栄工業と長崎大学がいっしょに作り、長崎市や銀行、住民の支えがあって設置できた。

町内会長さんを中心に、階段のすぐそばにある施設の人たちもいっしょに管理をしている。手すりが故障をしたときや修理が必要なときは、手すりを作った信栄工業の樫山社長がかけつける。

手すりの形

手すりは、直角に3回曲がっていて、上るときはたての棒を、下りるときは横の棒をつかむ。

下の部分には荷物をかけることができるが、たくさんの荷物をかけると危ないので、あえてほどほどの量しかかけられないようにしてあるそうだ。

取材協力●樫山和久（信栄工業有限会社）・北島栄二（国際医療福祉大学准教授／長崎大学客員准教授）・長崎市土木部土木企画課

発見

1 移動する　動く手すり

信栄工業有限会社　樫山 和久さん

動く手すりは、長崎大学の北島先生や多くの方と協力して作りました。これからは、もっと改善し、たくさん設置して、ひとつの階段から次の階段にらくに進めたり、利用者の体温や心拍数を測って健康状態を確認したりしたいです。毎日手すりを使っていた人が「3日も使っていない」、というデータを市役所が確認できれば、ひとり暮らしの高齢者の安否確認に使えます。動く手すりが地域を見守るロボットになるといいな、と考えています。

国際医療福祉大学・長崎大学　北島 栄二さん

わたし（作業療法士）は、どんな人が階段を使い、どういう動作をしているのか、どう困っていて、何が必要なのかを調査し、分析しました。今回、その結果を形にしてくれたのが、樫山さんです。
できた手すりを地域のみなさんに使ってもらって、意見や不満を出してもらい、それを生かして改善していきました。みんなが使いやすいものを作るには、このくり返しが大切ですね。
これからは、動く手すりに加えてガードパイプの形などの規格もユニバーサルデザインに近づけていく取り組みをしていきたいです。みんなが使いやすくて、町にとけこむデザインがいいですね。

もっと知識　平らな場所が少ない長崎

長崎は原爆で焼け野原になったが、復興が進んで人口も増えた。人々は整備されていない斜面地に家を建て、坂と階段ばかりの迷路のような町になった。高齢化が進み、買い物やごみ出しなど生活のための移動が大変になっている。
こうした坂の多い町は、せまい道が多くて大きな工事ができないので、動く手すりのようなコンパクトな機械が必要とされている。

素材は雨や砂に強いステンレス。

ボタンをおせば【工夫】

手すりが自分のいる所にないときは、ボタンをおせば、自分のいる所にもどってくる。

電動車いす

かっこいい電動車いすWHILL(ウィル)

　車いすには、使用者がタイヤの外側についている輪（リム）をにぎって動かすもの、介助者が動かすために設計されたもの、折りたためるもの、スポーツで使うもの、電気で動く電動車いすなどなど、さまざまな種類がある。
　ここで紹介するのは、手元のコントローラーで動かす、かっこいい電動車いすだ。

操作がかんたん

　手を置く場所（アーム）に、手のひらで包みこめるパソコンのマウスのような形のコントローラーがついている。これをかたむけるだけで、前に進む、後ろに下がる、曲がるなどの操作ができる。
　コントローラーは左右どちらにもつけられ、手のひらで動かすのが難しい人はグリップ式のにぎるコントローラーに変えられる。
　コントローラーの反対側には、電源、スピードを3段階で変えるスイッチ、座面を前後に動かせるスイッチがある。

はなれて操作できる

　iPhone(アイフォーン)に接続すれば、乗っていなくても車いすを移動させることができる。車いすを降りた後に、ちょっと動かしたいときや車に乗せたいときなどに便利。

小回りがきく

　前の車輪は「オムニホイール」といって、ひとつずつ回転する24個の小さくて特別なタイヤがついている。このタイヤのおかげで小回りがきき、車体の幅も60cmとコンパクトなので、せまくてほかの車いすでは行けないところでもスムーズに動くことができる。

どこへでも行ける

　力の大きい四輪駆動＊とオムニホイールの合わせ技で、坂道やでこぼこ道、じゃり道など条件の悪い場所もすいすい進める。7.5cmの段差も、斜度10度の坂も上ることができる。

＊エンジンから出る力を4つの車輪すべてに伝える形式のこと。

らくらくシート

　シート（座面）を前に最大15cm出すことができるので、ベッドから移動するとき、机で勉強するとき、テーブルでご飯を食べるときなど、無理をしないでらくに生活ができる。

1 移動する　電動車いす

使う人のからだに合わせる
アームの長さや角度、座面や背もたれの角度、足を置く部分の高さ、地面から座面までの高さなどは、使う人のからだの形や大きさに合わせて調整できる。

車いすの歴史
日本初の車いすは1920年ごろにつくられたのではないかといわれている。車いすが給付されるようになったのは、1949年に「身体障害者福祉法」が制定されてから。
1964年の東京パラリンピックのときに世界中から車いすを使う選手が来日し、外国製の車いすに注目が集まった。このときから、日本の車いすもデザインや性能の改良が進んでいった。電動車いすが初めてできたのは、1968年だ。

安全！
スピードは時速1km～6kmまでで、回転速度などを細かく設定することができる。腰を固定するためのベルトもつけられる。それに、タイヤはパンクの心配がない。

家で充電
家庭用コンセントから充電でき、満タンにすれば20kmまで走ることができる。バッテリーは取り外すことができないが、飛行機に積むこともできる鉛電池だ。
左のアームの内側にはバッテリーの残りを示すLED*ライトもついている。
＊LEDは、光を発する電子部品で、消費電力が少なく、熱を持たないのが特長。日本語で「発光ダイオード」。　▶P48

車いすに見えない？
上げ下げできるアームを目立たせ、いすの部分を見えなくして、車いすというよりも乗り物であることを強調している。だれでも「乗ってみたい！」と思うデザインだ。

もっと知識　子ども用車いすマーク
「難病や障害などで車いすが必要な子どもが乗っています」という印。ベビーカーとまちがえられて、電車や公共施設で「たたんでください」と言われたり、必要な支援が受けられなかったり、子ども用車いすが知られていないために困ることや傷つくことがある。そこで、こうしたマークが作られた。今ではさまざまなデザインのマークがあるよ。

パーソナルモビリティ　WHILL（ウィル）
取材協力●WHILL 株式会社

次のページも読んでね。

使っているよ！

電動車いすがあれば、心とからだが同時に動かせる！

竹林 空希くん（小6）

かっこいい車いすに出会った！

大分県に住む竹林空希くんは、ちょっとした衝撃でも骨が折れやすい「骨形成不全症」*という難病で、お母さんの美恵さんも同じ病気です。家の外では車いすを使っています。

幼稚園に入るときに買った車いすが小さくなって不便になっていたことと、中学生になったら電動車いすで通学できるよう、小学校のうちから慣れておいたほうがいい、ということで、どんな電動車いすにしようかと家族で相談していました。

お父さんの晶彦さんと美恵さんといっしょに、インターネットでいろいろ探していたら、すごくかっこいい車いすを見つけました。さっそく、試し乗りができる福岡の店まで行きました。空希くんは「近未来的でかっこいい！」とひと目ぼれ。それがWHILLとの出会いでした。

いちばん心配だったのは、家の前の急な坂道。空希くんひとりでは、上り下りができませんでしたが、家までWHILLを持ってきてもらって試してみると、すいすいらくに上れました。

学校ではお父さんが手伝ってくれた

空希くんは1年生のときからずっと、お父さんの晶彦さんといっしょに学校に通っていました。骨が弱く、ふとしたことで折れたり、痛めたりしてしまう空希くんが、特別支援学校ではない学校に通うためには、保護者のつきそいが必要だったのです。晶彦さんは、空希くんのクラスでみんなといっしょに授業を受けて、給食を食べて、そうじをして、空希くんの移動やトイレを手伝ってきました。

学校は、同級生がなんとも思わない段差や通路でも、空希くんの場合は晶彦さんに後ろからおしてもらったり、補助をしてもらわないと行けない場所だらけです。体育館には4cmくらいの段差があって、校務員さんに作ってもらったスロープを晶彦さんがつけたり外したりしていました。

WHILLがやってきた！

「電動車いすだと、体力が落ちるのではないか」とお医者さんは心配していました。でも、家ではずっと腕を使って生活しているし、空希くんがもっと自由に行動できることの方が大切だと考えて、美恵さんも晶彦さんも、強い心を持ってお医者さんを説得しました。いろいろな手続きをして、空希くんが5年生の3学期に、WHILLが家にやってきました。

空希くんが初めてWHILLに乗って学校へ行くと、大きな歓声が起きました。車いすには見えない、かっこいいデザインなので、学校中の注目をあびました。

人生変わった

WHILLに乗っていると、見て！って、感じ。それってすごく大事なこと。

＊骨形成不全症（こつけいせいふぜんしょう）＝骨が細くてもろいので、骨折しやすい、生まれつきの病気。骨折をくり返すので骨の形が変わることもある。効果的な治療法がなく、難病に指定されている。人によって症状はさまざまで、一生からだと上手につき合っていく必要がある。

1 移動する 電動車いす

お父さん、もう学校に来なくていいよ！

空希くんの生活は一変しました。

いちばんの驚きは、つかれにくくなったことでした。学校から帰るとヘトヘト…ということがなくなって、授業に集中できるようになりました。

手動車いすに比べると、電動車いすがどんなにらくなのか、「WHILLに乗ってみないとわからなかった」と空希くんは言います。ちょっとそこまで行きたいな、と思っても、空希くんの力で車いすのタイヤを動かすのは、とても大変でつかれる作業なのです。

学校の係活動も自分から積極的にするようになって、美恵さんも晶彦さんもびっくりしました。

電動車いすにしたいちばんの目的は、ひとりで学校に通えるようにするためでしたが、WHILLとの学校生活が始まってからというもの、体育館の段差もひとりでこえられるし、行きたいところに自由に行けるようになりました。空希くんは、ひとりでは車いすからトイレに移動することが難しいので、学校でおしっこをするときは晶彦さんが手伝っていたのですが、これもひとりでできるようになりました。

たった数か月でめきめき自信をつけた空希くんは、晶彦さんと美恵さんに言いました。

「僕ひとりでできるから、もう学校に来なくていいよ」。

できることがどんどん増える！

お父さんの晶彦さんも足に障害があり、幼稚園からずっと特別支援学校に通い、ほかの学校の人たちとはほとんどかかわらずに成長しました。学校を出て働き始めたとき、どうやって生きていけばいいのかと、とても悩んだと言います。だから、空希くんには通常学校でさまざまな人と交わりながら成長してほしいと願っています。

空希くんができることは増えるばかりです。

WHILLのアームは上げることができるので、ひとりで車いすからベッドに移ることができるようになりました。歯医者さんに行ったときも、治療用のイスに移動できました。

これまで、お父さんがいっしょでないと家族で出かけられなかったのですが、今はお母さんとふたりでも遊びに行けるようになりました。駐車場にある看板に「何が書いてあるんだろう？」と思っても、これまでは看板まで行くのをあきらめていたけれど、今ではさっとコントローラーを動かすだけです。心が動くと同時に、からだを移動させることができます。

気の向くまま、行きたいところに行くことができる。その当たり前の気持ちを、WHILLは空希くんの足となって支えてくれています。

取材協力●竹林 空希くん、美恵さん、晶彦さん

補助犬用ハーネスと胴着

聴導犬のラッキー

ハーネスと胴着は補助犬の目印

視覚障害者の安全な歩行を助ける「盲導犬」、からだの不自由な人のために日常生活の助けをしてくれる「介助犬」、聴覚障害者のために音を知らせてくれる「聴導犬」。この3つを、「補助犬」というよ。
盲導犬は白か黄色の「ハーネス」（胴輪）、介助犬と聴導犬は「胴着」をつけていて、それが補助犬の目印なんだ。

工夫　一目でわかるように

盲導犬はハーネスがあるのでわかりやすいけれど、介助犬や聴導犬はペットとの区別がつきにくい。胴着の色や柄は法律で決められていないが、補助犬協会が貸し出す胴着には、団体の名前を入れたり、黄色やオレンジの目立つ色にして、補助犬であると一目でわかるようにしている。

発見　ペットと区別する印

補助犬は、きびしい訓練を受け、指定された機関で認定を受けている。ハーネスや胴着は、この認定を受けているという印。この印があるから、補助犬といっしょでもレストランやスーパーマーケットなどに入って、食事をしたり、買い物をしたりできるんだ。

かんたんにつけられる

手が不自由な人のために、マジックテープ®でかんたんに止められる胴着もある。

もっと知識　認定証

補助犬を使う人は、ハーネスや胴着のほかに認定証（盲導犬の場合は使用者証）を持っていなければならない。そして、その犬が清潔にされていることを証明する「身体障害者補助犬健康管理手帳」などの健康管理記録も持っている。

〈胴着〉

ユーザーの安杖さん
介助犬のダンテ

1 移動する

補助犬用ハーネスと胴着

公益財団法人 日本補助犬協会　朴 善子さん

　介助犬、盲導犬は使用する人が指示をして動きます。でも、聴導犬は、チャイムの音などに自分から反応して自ら動き、知らせてくれるという大きなちがいがあります。音に敏感なことも大事ですが、決められた携帯の着信音など、知らせる必要のある音だけを教えなければいけないので、訓練中、正しい音を知らせてくれた時は、毎回おやつをあげて印象づけるように教育します。

　介助犬、盲導犬はラブラドールレトリバーが9割。初めての場所で初めての人に囲まれても、興奮したり、こわがったりしないという特長があります。聴導犬は自立心があり、静かな小型犬で、犬種にかかわらず、音が意識に残る反応の良い犬を選びます。

　2016年7月1日現在、日本に介助犬は71頭、聴導犬は66頭、盲導犬は966頭います。協会としては、それぞれ今後は1000頭まで増やしたいと思っています。聴導犬は立ちおくれているので、2020年までにまずは100頭をめざしています。

工夫　持ち手が前にたおれない

犬よりも人が先に出ないように、持ち手の部分が前にたおれないようなしくみになっている。

〈ハーネス〉

> ハーネスは、使う人の指示を犬に伝える大切な道具。気持ちをきちんと伝えるためには、犬と人の位置がとても大事だ。人が前に出れば出るほど、危険が増してしまう。

長さが変えられる

持ち手の長さは3段階あり、ユーザーの身長や歩く時のくせによって、長さを変えられる。たとえば、せっかちな人の場合は持ち手を長くして、人が前に行かないようにする。

持ち手（ハンドル）

盲導犬のベニータ

工夫　とめ具が犬にふれない

ハーネスのとめ具に毛がはさまらないように、また、犬のからだにとめ具が直接ふれないように、とめ具が皮でおおわれている。

取材協力●公益財団法人 日本補助犬協会
日本補助犬協会は、盲導犬、聴導犬、介助犬の3種類の育成をする団体。協会育成犬のほか、他の育成団体を卒業した犬や海外から来日した補助犬の認定試験を行い、証明書を発行する認定免許センターの役割もになっている。

反射テープ

夜でも目立つように反射テープをつけている。

ターンテーブル
ひざ継手の上につく部品。これがついていると、座敷であぐらをかくときや、くつ下をはくときなどに、好きな角度に曲げることができる。

ソケット
切断部とつながり、体重を支え、義足の動きをコントロールする部分。義肢装具士の技術がもっとも必要とされるパーツで、まず足の型をとり、それに合わせてアクリルプラスチックで作る。型は、とった形そのままではなく、一人ひとりの筋肉の強さ、皮ふのやわらかさなどを見ながら、義肢装具士が細かく調整する。

自分らしいもようが入れられるのも、このソケットの部分。好きな柄の布を用意して、アクリルプラスチックの内側に入れ、見た目も楽しい、自分らしい義足にする人が多い。

ひざ継手
ひざ関節の代わりになる部分。

昔は、「固定ひざ」という棒のようなもので、座る時は自分でガチャンと曲げなければならなかった。その後、「遊動式ひざ継手」ができたが、ふりこのように一定のスピードで動くだけだった。そして1970年代、空圧式や油圧式の流体制御式ひざ継手ができた。これで、さまざまな歩行スピードに対応できるようになった。

ライナー
義足を着けるときは、からだにぴったり合う「ライナー」＊を足に着けてから、装着する。これで、ベルトなどで固定しなくても義足が落ちない。足を保護する役目もある。

＊形を変えやすく、なめらかなシリコンという素材を使っているので、はだを傷つけることがない。

最新のひざ継手
現在の最新式のひざ継手は、コンピューター制御式のもの。中にICチップが入っていて、一人ひとりの歩くスピードを設定することで、その人に合ったスムーズな歩行ができるようになっている。

義足

足を失った人のための「足」

義足は、事故や病気で足を切断した人が、見た目を元にもどし、足の機能を助ける目的で作られる。義肢装具士が、一人ひとりのからだの具合と目的に合った義足を、作っている。
どんな工夫があって、どのように進歩してきたのだろう。

取材協力●公益財団法人鉄道弘済会義肢装具サポートセンター

公益財団法人 鉄道弘済会 義肢装具士 勝畑 光一さん

17歳のとき事故にあい、ぼくも義足です。昔の義足はからだに合わず、毎日痛くて血が出ていました。それで、自分でソケット部分をけずるなどしていたら、医者に、義足をつくる仕事に向いているのでは、とすすめられました。

義肢装具士は、養成学校に通って国家試験を受けてなることができます。今は全国に4000人ぐらいいます。コンピューターが導入されてどんどんいいものができていますが、最終的には、義肢装具士が一人ひとりのからだの具合に合わせて、経験と知識で作るもの、ということを知ってほしいです。

義足の歴史

義足の歴史の始まりは、「戦争」。戦争で足を失った兵士が、帰国後、日常生活の不便を少なくするために必要になった。第二次世界大戦のころまでは、アメリカやヨーロッパの技術が進んでいて、日本の義足はそれらをまねて作っていた。戦後は、技術が急速に進み、日本の生活に合った義足が作られるようになっている。

昔の義足 〔発見〕

これは、昭和30年ごろの義足。ソケット部分はアルミニウムと皮を使い、ひざは固定ひざ、足部は木とウレタンでできている。「ライナー」がなかったので、ベルトで腰や肩につなぎ、落ちないように固定していた。

大腿義足のパーツ（部品）

義足には、切断した部位によって「股義足＝股関節からの切断」、「大腿義足＝ひざから上の切断」、「下腿義足＝ひざから下の切断」などがあるが、ここで紹介するのはもっとも多い「大腿義足」（約3.5kg）。

義足は、たくさんのパーツを組み合わせて作るけれど、それぞれのパーツに工夫と進歩があり、そのうえで、義肢装具士の経験と技術が大切になる。

足継手・足部 〔工夫〕

足首から先の部分。昔は固定された木のかたまりのようなものだったのが、かかとにクッションが入り、見た目もきれいになってきた。歩く道の角度（上り下り）に合わせて変化する「多軸足部」ができ、女性がハイヒールをはくときにかかとの高さが合わせられる「踵高調整式足部」もできている。

最新のものはコンピューター制御式で、道の角度をセンサーが感知して、足の角度を瞬時に変えられる。

1 移動する

電動アシスト自転車

便利でらくらく電動自転車

自転車は便利な乗り物だ。でも、急な上り坂や向かい風のとき、すごくがんばってこがないと、転びそうになるよね。そういうときでも、もし荷物をたくさん積んでいても、らくにこげるのが、電動アシスト*自転車だ。

*アシスト（assist）は、「人の仕事を手伝う」、「力を貸す」などの意味の英単語。

ヤマハ発動機株式会社
鈴木 真理さん

ヤマハはもともとオートバイを作っている会社ですが、もっと多くの人に「走る楽しみ」と「快適な移動」を提供するために、新しい乗り物を作りたいと考え、「電動アシスト自転車」を開発しました。自転車を、もう少し便利にしてみようという発想です。

今では、使いみちの幅も広がり、宅配などの業務用や子どもを乗せる方も増えています。一般の自転車より重い車体については、モーターや車体を軽くし、工夫を重ねています。電池の性能が上がり、小さくても容量が大きく、短い時間で充電できるようになってきました。スポーツタイプなど、いろいろなタイプの電動自転車が増えてきているので、まだ乗ったことのない人たちにも興味を持ってもらえたらと思います。

電動アシスト自転車の歴史

ヤマハ発動機は、1970年代から小型ガソリンエンジンの自転車や小型エンジンつきのマウンテンバイクを試作していたが、発売されなかった。その後、「人の力を電動モーターでアシストする」というまったく新しい発想で電動アシスト自転車の開発をスタート。1989年に試作車を開発。自転車として正式な認可が下りたのは1993年。7月には「ヤマハPAS」を発表し、1994年4月から全国販売した。

工夫

ペダルの力+モーターの力

一般の自転車と同じように、ペダルをこぐとチェーンが回って後ろのタイヤを動かす。ただ、人がこぐ力とモーターの力を合わせることができるので、らくにこぐことができる。ペダルの回転がゆっくりでも、モーターは反応する。筋力が弱い高齢者でも、子どもを乗せた人でも、自転車で外出できるね。

自然な乗り心地

一般の自転車に乗っているような、自然な感覚で乗れるように、そのときどきでいちばん適したアシストをする。

掛けやすいスタンド

てこの原理*を応用し、荷物を乗せているときなども軽い力で掛けられる。

*てこの原理　P105

もっと知識　電動アシストの働き

「自転車」なので、人がこがないとモーターは働かない。時速10kmまでは、最大で*こぐ力の2倍までモーターによるアシストをしてくれる。時速10kmをこえると、スピードが出すぎないようにアシストは弱くなり、時速24kmをこえると、アシストはされない。だから、こぎ始めや、急な上り坂でスピードが出ていないときに、より強くアシストが働き、らくに乗ることができる。

安全に走ることができるように、アシストは法律で力の出し方とアシストをしてよい速度が決まっている。

*いちばん大きく働くとき。アシストの力は、自転車によってちがう。

1 移動する　電動アシスト自転車

取材協力●ヤマハ発動機株式会社

じょうぶなフレーム 発見
安全のため、フレームがしっかりと作られている。フレームを低くして乗り降りしやすくしているタイプもある。

オートライト機能
暗くなったらセンサーが反応して、明かりがつく。明るくなると自動で消えるので、消し忘れがない（電源を入れている時のみ）。 工夫

バッテリー
取り外して家庭用電源で充電できる。

PAS ナチュラL
総重量：約25kg
適応身長：144cm以上
最大積載量：90kgまで

中心部にモーター 発見
モーターの部分には、コンピューターが入っていて、「3つのセンサー」による情報から、アシストする力をどのくらいにするか判断し、それをモーターに伝えることで、ペダルをこぐ力がアシストされる。

「3つのセンサー」で感知

① クランク回転センサー
ペダルを回す速さを感じるセンサー。

② トルクセンサー
ペダルをふむ力を感じるセンサー。ペダルをこぎ出すと、人が乗って運転を始めたとコンピューターが理解して、アシストを始める。

③ スピードセンサー
走っている時の自転車の速さを感じるセンサー。

29

歩行器

自動制御機能つき歩行器
ロボットアシスト＊ウォーカー

高齢者が出かける時に頼りになる歩行器。見たことがあるかな？ 杖の代わりにからだを支えてくれるもので、荷物も運べるし、いすがついているものだと途中で休けいもできる。なかでもこのロボットアシストウォーカーには、コンピューターが入っていて、電動で歩行を手伝ってくれるよ。

＊アシスト (assist) は、「人の仕事を手伝う」、「力を貸す」などの意味の英単語。

電動アシスト機能

電動アシスト機能が、高齢者の歩きを助けてくれる。

たとえば、坂道はほんの少しの力ですいすい上ることができる。下り坂では、自動的にブレーキがかかって、ゆっくり歩くことができる。かたむいた道でも、ハンドルを取られることがない。この機能は、からだの状態や使う環境によって調整できる。

路面状況や人の動きを感知

本体に入っているセンサーが、上り坂か下り坂か、かたむいているかなどの情報、つまずいて転びそうになった時の急な速度の変化など、細かく感知する。

この情報をコンピューターが判断して、ブレーキをかけたり、モーターで動きを助けたりする。

声でもアシスト

電源を切るときには「おつかれさまでした」、「今日の歩行は○メートルでした」、急な下り坂では「急しゃ面です。注意してください！」と音声で案内してくれる。

RT.ワークス株式会社　代表取締役
藤井 仁さん

ロボットの技術を介護機器に活用するために何ができるかと考えていたときに、お年寄りの歩行器での事故が多く、坂道の上り下りに苦労するという話があり、安全に歩いてもらえるようにと考えたものが、このロボットアシストウォーカーです。

RT.1はネットワークにつながっているので、歩くだけで、さまざまなデータを蓄積して、活用することも可能です。たとえば、歩行距離や消費カロリー、歩幅などをデータ化し、そのデータの変化をみれば、病気の予防ができるかもしれません。

今は歩行器だけですが、家の中で歩くときや寝ているときなども総合的に支援できたらいいと考えています。80歳、90歳になってもいきいきと外出できるように、乗り物ではなく、「自分の足で歩く」ことにこだわり、支援するような製品を開発していきたいですね。

ロボットアシストウォーカー RT.1

1 移動する　歩行器

工夫　ハンドルにセンサー

ハンドル部分のセンサーで、にぎっているか、いないか、また、左右どちらに行きたいのかを感知し、なめらかに小回りがきくように設計されている。また、坂道で手をはなすと自動でブレーキがかかる。

センサーは、スマートフォンのタッチパネルと同じように、ふれることで反応するようになっている。

発見　小さいモーター

モーターやブレーキは後輪についている。センサーからとどいた情報は、モーターやブレーキにすぐに伝えられ、すばやく助けてくれる。また、モーターは小さいので、じゃまにならずに歩きやすい。

工夫　大きな前輪

前輪は大きく、段差を乗りこえやすい。平らなところでも、曲がるときにもアシスト機能が働くので、らくに歩ける。

ロボットアシストウォーカー RT.2

取材協力●RT.ワークス株式会社

観光バス

リフトつき大型観光バス

遠足や旅行などで乗る大型の観光バスは、座席が高くて窓も大きいから、ながめが良くて、乗っていて楽しいよね。でも、車いすを使う人はどうやって乗るんだろう？　車いすの人といっしょに楽しめる観光バスがあるそうだよ。どんな工夫があるのかな？

もっと知識
東京都では障害者や高齢者が安心して都内観光を楽しめるよう、東京オリンピック・パラリンピックが開かれる2020年までにリフト付きバスをあと50台増やすそうだよ。

1 移動する 観光バス

リフト安全ベルト　底板フラップ

工夫　車いすのまま乗れる
車いす用のリフトが車体の横にあって、車いすに乗ったまま乗り降りできる。

リフトを使うとき
イーグルバス株式会社には、リフトを使うとき、次のような決まりや工夫がある。
- リフト上では必ずガイドなどがつきそい、車いす使用者だけで乗らないようにする。
- リフト上では同伴者がバス側、車いす使用者が外に向くように乗車してもらう。
- 安全装置として、リフト安全ベルト、底板フラップが正しい位置でないと動かない。
- 電源がすべて落ちても、手動で動かせるようにしている。

イーグルバス「ユニバーサルリフト51」

発見　車いすはしっかり固定
車いすはバスの床にしっかりと固定できる。車内で車いすから座席に移動する必要もない。

工夫　取り外し式の座席
このバスは、ふつうの座席が49席、補助席が2席あり、ふつうの座席を取り外して車いすを固定するようになっている。20席分で、車いすが最大6台固定できる。
車いす専用バスではなく、座席をお客さんの希望に合わせられるので、さまざまな人が乗れるし、バスも最大限に活用できるのだ。

安全のために
車いすで観光する場合、お客さんの乗り降りは道路上ではなく、駐車場のあるところにするなど、安全には注意しているよ。

車いすスペースは事前に準備
観光バスは、貸し切りで利用されるので、車いすの数をあらかじめ聞いておき、座席を取り外して、準備しておく。

イーグルバス観光班運転士さんのお話
リフトつき大型観光バスは、特別支援学校の修学旅行や福祉施設の遠足等でご利用いただいています。
リフトを安全に昇降させるための場所探しが大変な時もありますし、座席レイアウトの準備などに時間がかかりますが、利用された方に喜んでいただいています。

取材協力●イーグルバス株式会社

コミュニティバス

小型ノンステップバス「日野ポンチョ」

コミュニティバスは、交通の不便なところを走るバス。小回りがきく、小型のバスを使っているところが多いよ。この「日野ポンチョ」もそのひとつ。高齢者も、ベビーカーや車いすでもお出かけしやすい工夫がいっぱいだ。

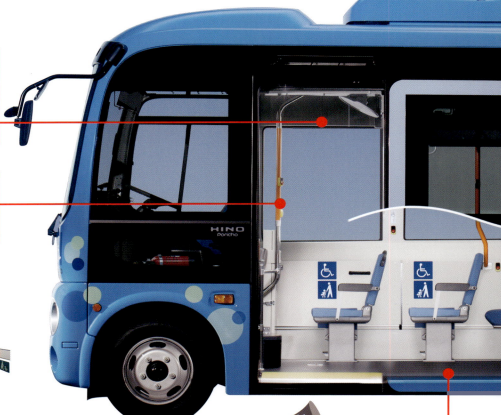

発見 小さいけれど、車内は広い！
車内の高さは2m40cmあり、窓も広くなっているので、小型でも開放感がある。

にぎりやすい手すり
力が弱い高齢者や小さな子どもにもにぎりやすい太さ、形、位置を研究した手すり。

見やすい配色
車内の床、壁、手すり、降車ボタンなどは、「ノンステップバスの標準仕様」*にそって、高齢者や視覚障害者にもわかりやすいように、色分けされている。手すりや降車ボタンはオレンジ色、乗降口は黄色で、はっきり見える。実際にいろいろな人に乗ってもらい、意見を聞いて、乗りやすさ、使いやすさを研究した結果だよ。

*国土交通省で標準仕様が定められ、各メーカーの仕様がばらばらにならないよう統一されている。

工夫 段差が少ない車内
タイヤの位置を一般的な路線バスより前と後ろにずらし、さらに、エンジンを横長にして後ろにのせることで、車内の平らな部分が多くなっている。エンジンとタイヤは、後ろの長いいすの下。それ以外は平らなので、車いすやベビーカーもそのまま乗っていられるし、高齢者やけがをした人なども車内での移動がしやすい。

一般的な路線バス（日野レインボー）

1 移動する　コミュニティバス

かわいいデザイン
コミュニティバスとして、みんなに親しんでもらおうと考えたデザイン。車体や座席も、丸み、曲線を使ってやさしい感じ。丸いヘッドライトもかわいい。

もっと知識　コミュニティバス以外の使い方も
愛媛県の「子どもの城」という公園は、山の上にあるので、坂ばかり。そこで、このポンチョが大活やく。移動のためだけではなく、子どもたちがコミュニティバスを体験する場としても活用されている。運賃がいくらになるか、計算の勉強にもなる。

ほかにも、こうしたミニバスは、病院のじゅん回バスやホテルの敷地内移動に、空港の乗務員移動用にも使われているそうだよ。

● 下の写真は、説明のために一部、外側を取りはらったもの。

取材協力●日野自動車株式会社

日野自動車株式会社　望月 裕貴さん
このバスは、だれもが気軽に乗れるように、「PON」と乗って「CHO」こっと行くという意味で「PONCHO」という名前になりました。

タイヤの位置の工夫は、車内を広くできただけでなく、せまい道でも曲がりやすく、小回りがきくようにもなりました。コミュニティバスは、一般的な路線バスが入れないようなせまい道を走ることに意味があり、交通のバリアフリーができるともいえますよね。

らくらく乗り降り
幅81cmの広くて低い乗降口は、だれでもらくに乗り降りできる。そのうえ、車の高さを調整する機能（ニーリング）があって、停留所では乗降口の高さを低くすることができる。車いすの乗り降りには、運転士さんがスロープを出してくれる。

ドアは外側にスライド
ドアが内側に開くと車内がせまくなるので、ドアは外側にスライドして開く。開いたときに大きく出っ張らないので、せまい道路の停留所でも安全だね。

UDタクシー

だれもが使いやすいUDタクシー

だれでも使いやすく工夫されたタクシーが増えている。
どんな工夫があるのかな？

ユニバーサルデザイン（UD）タクシーとは

高齢者、車いす使用者、ベビーカー、おなかに赤ちゃんのいる人など、だれもが利用しやすいタクシー。道路で呼びとめてもいいし、予約してもよく、料金はふつうのタクシーと同じだ。

2016年現在、神奈川県横浜駅東口タクシー乗り場や、川崎駅東口・西口タクシー乗り場でUDタクシー対応の乗り場が整備されている。さらに、羽田空港国際線ターミナルや東京駅八重洲口のタクシー待機所にも全国初となる「UDタクシー・ワゴンタクシー」専用待機レーンが設置された。

スロープで車いすも自転車もかんたん乗車

車の後ろには、アルミ製の2段引出し式のスロープがついていて、自転車や大きな荷物、ベビーカーなどの積みこみに便利。

車いすに乗ったまま乗車もできる。車いす後退防止ベルトがあるので、乗るときにスロープの途中で手がはなれても、後ろに下がったりしない。

日産自動車 NV200タクシー

1 移動する　UDタクシー

スライドドアとステップ 工夫

ドアは、自動のスライド式。大きな荷物やかさを持っていても乗り降りしやすい。ドアの位置が高く、ステップもあるので、乗り降りがらく。背の高い人や和服の人でも乗りやすい。

ステップは、ドアの開閉に合わせて出てくるし、ライトで照らされるようになっているので、夜でも使いやすい。

オレンジ色の大きな手すり 工夫

乗り降りするときは、大型の手すりにつかまる。にぎりやすく、オレンジ色でよく目立つよ。

ゆったり車内で安心

車内は天井が高いので、背が高くても、車いすに座っていても、きゅうくつな思いをしないですむ。

車いすの場所が、いっしょに乗る人のすぐ横にあるので、介助の人も車いすの人に手がとどきやすく、安心だ。

取材協力●日産自動車株式会社

もっと知識

このNV200タクシーは、国土交通省が決めた「標準仕様ユニバーサルデザインタクシー認定制度」の認定第1号だ。

アメリカのニューヨークでは、イエローキャブ（タクシー）として、この自動車が使われているよ。

また、国土交通省は、ユニバーサルデザインタクシーをふくむ、福祉タクシーを2020年までに全国で約28000台にする目標を立てている。

37

ライトレール トランジット(LRT)

自慢の路面電車がまちを走る！

低い床の車両と振動や騒音の少ないレールを組み合わせた「ライトレールトランジット（LRT）」は、みんなに便利な交通システム。乗りやすさの工夫だけではなく、まちづくりにも役立っているようだ。日本で初めて本格的なLRTを開業した富山ライトレールを紹介するよ。

ポートラム（PORTRAM）
「ポートラム」は車両の愛称。港を意味するPORTと路面電車を意味するTRAMを組み合わせたことばだ。

車両
ドイツから輸入した低い床の車両が2両、つながっている。
車体の色は7色あり、イベントやキャンペーンに合わせて、キャラクターやイラストなどがついたラッピング電車＊が運行されることもある。
＊キャラクターやイラスト、広告などを印刷したフィルムを車体にはりつけた電車のこと。

屋根の上を活用
床を低くするために、車輪以外の機械設備を屋根の上に積んでいる。

1 移動する ライトレールトランジット

富山ライトレールの歴史

北陸新幹線の整備が決まったとき、富山市はまちづくりのひとつとして、駅の北口から港まで延びていた富山港線をJR西日本から引きついだ。そして、ドイツ製の低床車両を導入、線路を再利用し、「富山ライトレール」として2006年4月29日に開業した。

路線の長さは、7.6km。富山駅北から1.1kmは道路上に新設されたレールを、途中からは富山港線の線路をそのまま利用して、運行している。

取材協力●富山ライトレール株式会社

ICカードリーダー 【工夫】

富山県内では初めてICカード（passca）を導入した。運賃は全線200円均一だが、カードを使えば180円になる。日中、高齢者が半額の100円で乗れるカードもある。

ポートラムアテンダント

日中は、アテンダント（接客係）が乗車する電車がある。アテンダントは、車内アナウンスのほか、高齢者や車いす使用者の乗り降りを助けたり、ICカードの使い方を案内したりする。また、観光客には、観光案内もしてくれる。

ドア付近

すべりにくい床と入り口のスロープ。黄色に色分けされていてわかりやすい。いすの下には、電車の車輪がある。

低い床

電車停留場の床面と車両の入り口に段差がなく、車いす、ベビーカーで安全に乗り降りできる。

【工夫】

ベンチ

電車停留場も、階段がなく、ゆるやかなスロープになっている。また、ベンチは、市民や企業からの寄付で、記念プレートつき。みんなに愛されている電車なのだ。

わかりやすい表示 【発見】

見やすくわかりやすい駅名や路線図、時刻表などの表示。日中は、15分に1本運行していて、とても便利だ。

デザイン 【発見】

電車停留場、車両、ユニフォーム、シンボルマークなどのデザインが統一されていて、かっこいい。ポートラムは富山市民の自慢で、市のイメージアップにもなっている。

快適な乗りごこち 【工夫】

自動車の走る道路に作られたレールには、騒音や振動を減らす効果のあるドイツの新しい技術が取り入れられている。もともとあった線路も、枕木をコンクリート製に交換した。

富山ライトレール株式会社　粟島 康夫さん

「ポートラム」は便利な乗り物というだけでなく、郊外に広がってしまった都市の機能を中心部へ集める役割もあります。

富山市民は自動車での移動が主な交通手段ですが、「ポートラム」の開業によって、車が使えない高齢者が、駅周辺の商店街へお出かけしやすくなりました。また、沿線の人気が高まり、住みたいという人も増えました。「ポートラム」が発着する富山駅の北側は、電車に乗る人が増えて活性化してきています。将来は、南側の市内電車に接続して、乗りかえなしで都心に行けるようになり、ますます便利になりますよ。

駅のホーム柵

乗客の安全を守る「可動式ホーム柵」

線路への転落事故や電車との接触事故を防ぐために、駅のホームに設置されたドアがある。下の写真は大人の胸ぐらいの高さのドアで「可動式ホーム柵」というよ。どんな工夫があるのだろう。

ホームドア（ホーム柵）の歴史

日本で初めて可動式ホーム柵が設置されたのは、1974年東海道新幹線の熱海駅。通過列車の風圧事故対策が理由だった。新幹線以外では、1981年に開業した新交通システムの神戸新交通ポートアイランド線が、フルスクリーン型ホームドア＊を採用したのが初めて。

2000年の「交通バリアフリー法」で、新しい鉄道路線の駅にはホーム柵を設置すること、それまである路線については設置を努力することが決められた。

2016年3月末時点での設置駅数は、665駅。2020年度までに800駅の設置を目指している。

＊フルスクリーン型ホームドアは、ホームの天井までとどくタイプのドア。

開閉のしくみ

電車の乗務員がドアの「開ボタン」をおすと、電車に取りつけてあるアンテナから信号が出て、地上の総合制御盤という装置に「開ける」の指令が入る。そこから、それぞれのホーム柵に対して「開ける」指令が出る。「開ける」指令がとどくと、柵のモーターが動き出し、ドアを開ける。このとき、柵のほうが先に開く。

ホーム柵側は「開ける」の指令を受け取ると返信をし、その信号を受け取った車両はドアを開けてよいと判断する。

閉める場合は、電車に乗れなかった人が車両と柵の間に取り残されないように、車両側のドアを先に閉め、続いて柵が閉まるようになっている。

すけて見えるドア

ドアの部分がすけて見えるので、列車が近づいてきたことや乗り降りするときの足元の確認をしやすい。

ドアと戸袋の両方がガラス製の可動式ホーム柵もある。ホームでの視界が広がって、きゅうくつな感じがしなくなるのだ。

戸袋

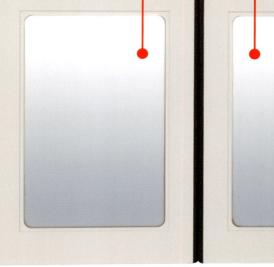

取材協力●株式会社京三製作所

1 移動する　駅のホーム柵

工夫　可動ステップ
カーブしている駅で、ホームと車両との間が大きく開いているような場合、すきまに「可動ステップ」が出てきて、人が落ちないようにする。

緊急のときには
停電や、故障の場合には、脱出できるように、手動でドアが開けられる。

工夫　安全のために
柵に、人や物がはさまれそうになった場合や、車両とホームドアの間に人がいた場合、戸袋のセンサーが検知してドアが開くしくみになっている。動いているドアに人や物がはさまると、ドアの動きが異常になるため、モーターが異常を検知して「開く動作」に切り替えるしくみもある。

株式会社京三製作所
山木 義喜さん
ホーム柵の設置は、鉄道会社の相互乗り入れや、ドアの数や大きさがちがうさまざまな形の電車が同じ路線を走っていることもあって、なかなか進みません。戸袋を可動式にして、どのような駅、車両にも対応できるような方法を考えています。

東京メトロ銀座線の上野駅に、初めてガラス製のホーム柵をつけました。今後は、これまでの鉄製のものに代わり、ガラス製が増えていくと思います。

ガラスの部分に大型の液晶画面をつけた「メディアウォール」は、電車の情報、注意してほしいことや広告など、乗客へさまざまな情報をとどけることができるので、好評です。

発見　柵はホームの内側
柵がホームの端より内側にあるのは、もし、電車の停止位置がずれた場合、車両とホームドアの間にすき間がないと、人が歩けなくなることがあるから。

柵の幅
ホームドアの位置と車両のドアの位置が、ずれることもある。そこで、ホーム柵のドアが開く幅は電車のドアの幅より1mぐらい広くして、ずれに対応できるようにしている。

もっと知識　海外では、可動式ホーム柵はなく、「プラットフォーム・スクリーン・ドア」（PSD）と呼ばれるフルスクリーン型ホームドア*が主流だ。
ただ、フルスクリーン型ホームドアは駅の構造、補強から変えなくてはいけないので、お金がかかる。そのため、日本では可動式ホーム柵が多く採用されている。
* ▶P40

自動券売機

みんなに便利な券売機

鉄道やバスのきっぷが買える機械が自動券売機。なかには、きっぷだけでなく、ICカードが買えたり、カードのチャージ（積み増し）ができたり、回数券や定期券を買えたりするものがある。この自動券売機には、高齢者や障害のある人にもきっぷが買いやすい、便利な工夫もいっぱいだ。

使いやすいタッチ式パネル

タッチ式パネルのボタンは大きく、金額や目的地などの文字は、高齢者やロービジョン＊の人にも読みやすくなっている。

お金を入れると金額ボタンの色が変わり、買うことができるきっぷを教えてくれる。色弱者＊にもわかりやすいように、ボタンの形も右下が切れたものに変わる。

また、人が真っ先に視線を向けやすい画面の左上に、いちばん多く使うボタンや注意してほしいことを表示している。

＊ロービジョンとは、病気やけがなどのために十分な視力が出ない、視野がせまくなるなどの状態を呼ぶ。視覚障害のひとつ。

＊色弱者は、特定の色の区別がつきにくい人のこと。「色彩コミュニケーションの弱者」という意味。

フィンガーナビゲーション（指で案内）

視覚障害者など、タッチ式パネルを使わない人のために、数字ボタンがついている。機械の画面の外側を手でなぞっていくと、自然に指が数字ボタンの場所にいくようになっている。行き先までの金額を選ぶとき、タッチ式パネルをさわらずに、数字ボタンで操作することができる。

車いすも近づきやすい

券売機の下の部分に空間があるので、車いすに乗ったまま近づくことができ、ボタンにさわりやすい。

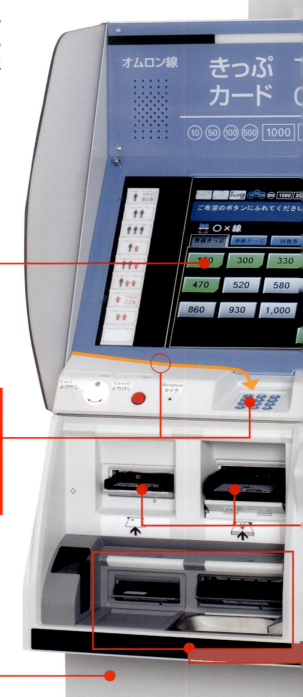

1 移動する 自動券売機

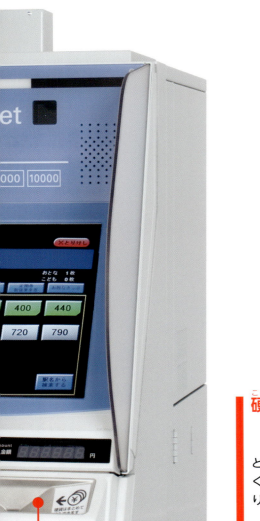

オムロン ソーシアルソリューションズ株式会社
技術創造センター プロダクト技術部
武川 直史さん

　以前は、券売機はきっぷを買うためのものでしたが、今は、ICカードを使う人が増え、カードを新しく発行したり、チャージをするなど、券売機の機能も時代に応じて変化してきました。
　さまざまな種類のきっぷが買えたり、さまざまな情報を提供したりできるように、これからも券売機は変化し続けていくでしょう。
　ただ、しくみをがらっと変えてしまうと、使い慣れていた人が使えなくなります。買いたいきっぷや知りたいことがかんたんにわかる、使う人のことを考えた開発やものづくりが大切ですし、それがやりがいだと思っています。

発見 点字と英語とイラストで表示

　視覚障害者のために、「おとな」「こども」のボタンや、お札やカードを入れるトレイの上にも点字がついている（下の写真）。
　イラストといっしょに英語の表示もあるので、使い慣れない人や、外国の人にも使いやすいね。

硬貨、お札、ICカード投入口

　硬貨の投入口は広く、一度にたくさんのお金を入れられる。
　また、お金を入れるときや、おつりやカードを返してもらうときに、音声の案内といっしょに、ランプが点めつして教えてくれる。ランプは、待っているときはゆっくり点めつし、おつりやカードが返ってくるときは速く点めつする。
　音声は、外国語での案内もできるよ。

工夫 取り忘れがないように

　きっぷだけを取って、おつりを取り忘れることがないように、おつりの硬貨とお札がきっぷと同時に出てくるようにしてある。

取材協力●オムロン ソーシアルソリューションズ株式会社

自動改札機

速く、安全に、きっぷを拝見！

自動改札機は、鉄道の駅の改札口で乗客のきっぷや定期券を確認する機械。1960年代に電車を利用する人が増えて、混雑するのを防ぐ目的で開発された。下の写真のように、改札口の左右に機械が並んでいるよ。

取材協力●オムロン ソーシアルソリューションズ株式会社

通路の幅は59cm

ふたりの人が並んで入ってしまったり、反対から来た人とすれちがったりすることのないように、通路の幅は広すぎず、せますぎない幅にしてある。車いすが通ることができる広い幅の「ワイドタイプ」もある。

改札機の長さは160cm

改札機の通路が長すぎると、たくさんの人が一度に通路の中に入ってしまい、だれのきっぷかわからなくなる。逆に短すぎると、すぐに出口まできてしまい、きっぷを受けとるときに立ちどまってしまう。どちらも、人の流れが悪くなってしまい、混雑してしまう。

そこで、人の歩く速さを考えて、きっぷを入れてから、出てくるまでにちょうど良い改札機の長さを考えた。それが、160cmだ。これだと、1分間に最大で70人改札機を通過できる。

秒速2.5m！

磁気きっぷを入れると、きっぷの裏と表を読み取り、必要であれば印刷をして出すまでに、きっぷは1秒間に2.5mの速さで改札機の中を運ばれる。

オムロン ソーシアルソリューションズ株式会社
吉川 聡さん

わたしたちが考えなければいけないのは、品質はもちろん、安心、安全に使ってもらうことです。機械がこわれないとか、正しい処理をすることが大切です。高速で高い機能を保ちながら、使いやすくなくてはいけません。

きっぷから磁気のカードに、次にICカードの時代が来ました。その先には、カードを出さなくても通れる改札機が考えられます。カードを出さずに通してもよい人と、通してはいけない人を見分けるのに、もう1段階高い技術が必要になりますが、わたしたちの手でそれを実現していきたいと思います。

1 移動する　自動改札機

たくさんのセンサー 【工夫】

人がどこにいるのかを調べるセンサーがたくさんついている。前の人が改札機を通りぬけたら、次の人に対してとびらを動かせるように、センサーは通路内の人を追いかけている。

通る人の背の高さを調べるセンサーもあり、運賃の必要ないベビーカーや大きなキャリーカートも見分けている。

とくに、「ワイドタイプ」のとびらのまわりには、ほかの改札機よりもたくさんのセンサーがついている。たとえば、改札機の中にベビーカーがある場合、とびらは動かないようなしくみになっている。

磁気きっぷとICカード

自動改札機に入れることができるのは、裏が黒か茶色のきっぷで、ここにきっぷの情報が書きこまれている。定期券やカードも専用のものでないと入れられない。タッチするだけのICカードについては、46ページを見てね。　▶▶P46

どの向きで入れてもOK 【工夫】

きっぷは、表、裏、横など、どの向きで入れてもかまわない。改札機は横向きにして、券の表が見えるように出してくれる。

新幹線の改札機では、たくさんのきっぷを確認する必要があるので、一度に5枚まで入れることができる。

タッチ面は13度！ 【発見】

ICカードのタッチ面は、確実にタッチしやすい13度の角度になっている。

わかりやすい色使い 【発見】

入れ口の色は、目立つように黄色。ICカードタッチ面の色は、色弱者＊にもわかりやすい赤と青を使っている。ICカードが受けつけられるときは青、カードに問題があるときは、赤く光る。

＊色弱者＝特定の色の区別がつきにくい人のこと。「色彩コミュニケーションの弱者」の意味。

とびらの高さは、地面から70cm

とびら（フラップ）が、おなかや胸に当たらないように、大人の太もものあたりの高さにしている。

とびらの開閉速度

とびらの役割は、「行ってもいいです」と「止まってください」の両方の指示を出すこと。

とびらの動き始めは、閉まることに早く気づいてもらうためにすばやく動かし、閉じる直前は速度を落とすようにしてある。

ICカードが登場し、きっぷのときよりも改札を通りぬける速度が速くなっているが、通してはいけない人が改札に入ってきた場合、すばやく反応するしくみになっている。

45

交通系ICカード

かざして改札を通る非接触ICカード「FeliCa」

電車やバスに乗るときに「ピピッ」とかざせば運賃が支払われるICカード。きっぷを買うために自動券売機に並ばなくてもいいし、このカードで買い物もできる。障害がある人も、外国からの観光客も、交通機関を利用しやすい。どんな工夫があるのかな？

ICカードのしくみ

ICカードは、リーダーライターという読み取り機にかざして使う。リーダーライターからは、つねに特別な弱い電磁波が出ている。

一方、ICカードの内部には、通信を行う「アンテナ」とコンピューターの役目をする「ICチップ」がはさみこまれている。

そのアンテナが、リーダーライターからの電磁波を受信して、受け取った電磁波をエネルギーに変換。電流を発生させて動き出し、無線でデータのやりとりを行う。

アンテナ **ICチップ**

ICカードの中身

非接触ICカードFeliCa

電源がなくてもだいじょうぶ

カードを改札機のリーダーライターにかざすと、電気が起こるしくみがあるので、電池などの電源がなくても作動する。

カードを近づけるだけ

無線でデータのやりとりを行うので、定期入れやさいふから出さなくても使える。カードの向き（前後・左右・裏表）も気にする必要がなく、近づけるだけでよい。

1 移動する 交通系ICカード

取材協力●ソニー株式会社

やり取りは、0.2秒以内に完了！
改札口で手間取っていると、人の流れがとどこおって危険だ。そのためデータのやり取りは、すばやく処理しなければならない。FeliCaカードは、基本的なデータのやり取りは0.2秒以内でできるよ。

じょうぶで長持ち
カードを読み取り機に直接ふれさせる必要がないので、すり減ったり、よごれたりする心配がない。こわれにくく、長く使える。

データはこわれない
もし、データの書きこみ中に電気が切れても、カードの中のデータは絶対にこわれない。

もっと知識
FeliCaは、交通系カードだけでなく、電子マネーや学生証、社員証などにも使われている。携帯電話や体温計など、カード以外のさまざまな形のものに入れることもできる。家電製品の接続もできる。病院でも、点滴の管理や、お薬手帳に使われているよ。「かざす」だけでデータのやり取りができるなんて、すごいね。

ICチップを保護
お尻のポケットなどに入れてもカードがこわれにくいように、大切なICチップは丸い板ではさんで強化している。

使いみちによってデザイン変更
カードのデザインや使いみちによって、内部のデザインも変える。クレジットカードと兼用にするカードでは、数字などを刻印するためアンテナの位置をずらしてある。

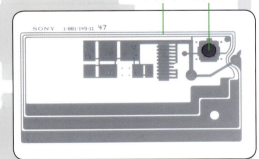

アンテナ　ICチップ

ICカードの歴史
1970年、日本の有村國孝がICカードを発明、1976年に国内特許を取得したといわれている。しかし、日本はICカードではなく磁気カードを採用する方向に進んだため、1990年代にソニーがFeliCaを開発するまで、実用化が進まなかった。

一方、フランスではロラン・モレノが同じようなICカードを1974年に発明し、国際特許も取得した。フランスはICカード実用化に積極的で、日本より早くICカードが広く使われるようになった。

1997年、FeliCaが香港で地下鉄のICカード乗車券として実用化に成功。その後、JR東日本のICカード乗車券にその技術が採用され、2001年Suicaが登場した。JR東日本が採用の条件としたもののひとつが、「自動改札機を通る乗客数は1分間に60人」だった。非接触ICカードはほかにもあるが、JR東日本の求める高速処理ができたのがFeliCaだった。

ソニー株式会社 FeliCa事業部　山本 英雄さん

電池のことは、交通系カードの開発を進める段階で試行錯誤があったそうです。試作品は電池を注入していました。電池が入っていると電池交換や充電を考えなくてはならなくなるので、利用する人は非常に不便になってしまいます。そこで、電磁波から電流に変える方法（電磁誘導）を使うことになったのです。ふだんはカードの中身を意識することもないし、電気を使って動いていることもわからないですよね。

わたしはこのカードのソフトウエアを開発していますが、初めはなぜ電池がないのに動くのかなと不思議でした。動かすしくみを聞いて「そんなことができるのか」と思いました。

身近なものがどうやって動いているのか、に興味を持つことはとても大切だと思います。

交差点の信号機

ユニバーサルデザイン「車両用交通信号灯器」

特定の色の区別がつきにくい色弱者*は、日本人男性の約5％、女性の約0.2％いるといわれている。人によってその程度やわかりにくい色もさまざまだけれど、色弱者の99％が、赤色と黄色の区別がつきにくいのだそうだ。そのような見え方の特性を生かして、区別がつくように工夫した信号機があるよ。

*色弱者という呼び方は、「色彩コミュニケーションの弱者」という意味。

光源はLED*

電球式の信号機の場合、3色とも光源は白い光で、色のついたカバーで信号の色を表現している。でも、LEDには、もともとさまざまな色があるので、色のカバーは必要ない。だから多くの信号機がLED式に変わってきているよ。

*LEDは、光を発する電子部品で、消費電力が少なく、熱を持たないのが特長。日本語で「発光ダイオード」。

信号機の歴史

世界で初めて道路に信号機が設置されたのは1868年。ロンドンで、ガス灯を使って赤と緑を手動で表示するものだった。馬車の交通整理のためで、鉄道の信号を応用した。

電気式の信号機は、1914年8月8日、アメリカのオハイオ州クリーブランドに世界で初めて設置された。1918年にはニューヨークでも設置され、3色の信号灯は1920年に登場した。

1930年（昭和5年）3月、日本で初めて、東京・日比谷にアメリカ製の信号機がつけられた。日本製もその後、すぐ開発された。

1994年に日本初の赤、青、黄色の3色のLED信号機が作られ、徳島県と愛知県に導入された。

もっと知識「社会実験」

この信号機は、2016年10月現在、まだ実用化されていないが、2012年1月に東京都、2月に福岡市の公道に実際に取りつけて、効果があるかどうかを調べている。このように、実際に使う場所で試してみることを「社会実験」という。実際に使っている人の意見を聞くのが、とても大切だからだ。特に信号機は交通安全のためのものだから、たくさんの社会実験を重ねていく必要がある。

1 移動する 交差点の信号機

コイト電工株式会社 照明・ディスプレイ技術部
柳井 英幸さん

ユニバーサルデザインはバリアフリーとは異なり、「できるだけ多くの人が利用可能となるように製品、建物、空間をあらかじめデザインすること」が理念ですが、「必要な情報が必要な人にだけとどく」この信号機は、ユニバーサルデザインの考え方を一歩進化させています。

この信号機は、九州産業大学芸術学部デザイン学科の落合太郎教授が、色弱者が一般の人より青色に対する感度が高いということに注目して、研究開発をしました。

落合教授は2002年から研究を始め、コイト電工は2004年から開発の協力を始めました。2012年に「社会実験」を行い、その結果に基づいてさらに改良をしています。今後は、さらに社会実験を行い、警察庁から認可をいただいて、2020年までの実用化を目指しています。

信号機は、こんなに大きい！

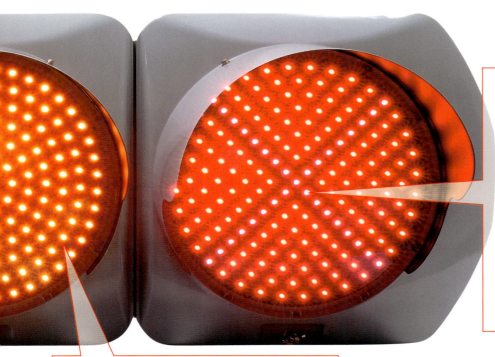

工夫

赤信号に×印

多くの色弱者が青色の感度が高いことを利用して、一般の人には見えにくくて、色弱者にはよく見える記号（×印）を赤信号の中に表示させている。

100mはなれて見ると、一般の人には、通常の赤信号と変わらないのに、色弱者には「×」の記号が浮かび上がるそうだよ。色弱者の強みを生かした方法だね。

黄色は1.5倍明るい

黄色と赤が同じように見える多くの色弱者は、信号機の3つの信号の、真ん中で明るく光っているのが黄信号、その右どなりが赤信号、と経験から判断していた。

ただ、夜は、信号機の形が見えず、並び方から判断することができないので困っていた。それに、LEDでは、明るさの差がなくなり、判断しにくかった。そこで、2003年以降の信号機では黄色をあえて明るくして電球式のときと近い感じにしてある。赤や青より1.5倍明るくしてあるそうだよ。

×印は世界共通

ちなみに×の印は、ほとんどの国で禁止の意味があるので、海外の色弱者にもわかりやすいよ。海外の色弱者は日本人よりも多く、白人男性で約8％、白人女性で約0.4％といわれている。

取材協力●コイト電工株式会社

歩行者信号用押ボタン箱
（音響等感応用音声押ボタン箱）

すべての人にやさしい交差点の押ボタン

交差点にある歩行者用信号機は、道路を安全に横断するために欠かせないもの。自動的に信号が変わるものもあるけど、押ボタン式のものもあるね。これは、「すべての人にやさしい」をテーマに開発された、歩行者信号用押ボタン箱だよ。

■ピクトグラム 工夫

文字ではなく、色と絵（ピクトグラム＊）で機能を表示。パッと見ただけでわかるし、日本語のわからない海外の人でも操作できる。

＊ピクトグラム ▶P132・134

■目立つ色 発見

箱の白色とそれぞれのボタンの色は、視覚障害者や色弱者＊の意見を聞いて、区別しやすくしてある。

＊色弱者＝特定の色の区別がつきにくい人のこと。「色彩コミュニケーションの弱者」という意味。

視覚障害者用ボタン
歩行者用信号の青の時間を音で知らせるとともに、青の時間を延長する。

健常者（障害のない人）用ボタン
信号を青に変えることができる。

高齢者用ボタン
青の時間を延長することができる。

■4つの組み合わせ

上の3つのボタンを組み合わせて、4種類の押ボタン箱がつくられている。その地域に合ったものを、選ぶことができるよ。

▶視覚障害者用ボタンと健常者用ボタンを組み合わせたもの

■音声で案内 工夫

ボタンにさわると、音声で、信号がどういう状況か教えてくれる。音は、交差点ごとに変えられるように、強、中、弱を選べる。夜間は音を停止させることもできる。

1 移動する 歩行者信号用押ボタン

角がない 【工夫】
全体に丸みを帯びて、角がでないようにデザインされた箱。角がないから、ぶつかってもけがをしない。

ななめに大きなボタン 【発見】
ボタンが大きいので、だれでも使いやすい。それに、上に平らな部分がないので、ゴミなども置けないようになっている。

タッチセンサー式 【工夫】
おしこまないと反応しないボタンは、高齢者や子ども、障害で手にまひのある人やけがをしている人などには、操作が難しい。そうした人のために、さわるだけで反応するタッチセンサー式になっている。手ぶくろをしたままでも反応するよ。

▲これは、視覚障害者用押ボタンと高齢者用押ボタンを組み合わせたもの

取材協力●コイト電工株式会社

**コイト電工株式会社 システム技術部
高城 里香さん**

この製品は、何度も作り直して形にしました。横浜市総合リハビリテーションセンターに協力していただき、使用感の確認を行い、福祉機器の展示会でアンケート調査もしました。特にピクトグラムは、わかりやすさにこだわったのですが、健常者を表すピクトグラムがいちばん苦労して、20枚ぐらいかき直しました。

組み合わせのバリエーションが4種類ありますが、「視覚障害者用のボタンは、上」と場所を固定しました。視覚障害者には、ボタンの位置を固定しておくと、より使いやすくなるからです。

今後は、押ボタンを使う人が外国人が多い場合、その国の言葉で音声案内できる多言語対応を考えています。信号が変わるまでの時間は短いので、日本語ともう1言語が限度ですが、地域に合わせた言語で案内ができるといいと思います。

押ボタン式信号機の歴史
日本で開発された初めての押ボタン式信号機は、昭和9年6月、東京の第一京浜国道に設置されたもの。自動車交通量の多い道路に面した小学校の児童の安全確保のために作られた。ボタンを押して道路の交通を止め、横断方向を青信号とする信号機だった。

探してみよう！ エレベーターには、どんな工夫があるかな？

デパートや駅などのエレベーターには、さまざまな工夫がある。車いす使用者や高齢者、ベビーカーをおしている人、スーツケースや大きな荷物を持った人、病気の人やけがをしている人など、さまざまな人が便利に使っている。たくさんの人が使うからこそ、さらに多くの工夫が必要だ。

エレベーターにはどんな工夫があるのかな？ どんな工夫があったらいいかな？ エレベーターに乗ることがあったら、注意して探してみよう！

入り口
車いすやベビーカー、スーツケースの車輪がはさまったり、高齢者や足の不自由な人がつまずいたりすることのないよう、段差やすき間がないようにできたらいいね。

フロアー
今、何階なのか、ひと目でわかるように各階のフロアーに大きく何階か数字が書いてあるといい。

インターフォン
何かあったとき、外部と連絡がつけられるように、インターフォンがある。

とびら
物がはさまったり、まだ乗っている途中なのに、とびらが閉まったりしないように、「ゆっくり閉まる」、「センサーで感知して開く」という工夫がある。
とびらにガラスを使っている所もある。防犯のためにも、災害などの緊急時にエレベーターが止まってしまったときも、まわりが見えるから安心だ。

ボタン
多くのエレベーターのボタンには、点字表示があって、各階の明かりもつくようになっている。そして、車いすに乗っている人や手がとどきにくい人でもとどくように、低い位置にもボタンを設置している所が多い。
でも、その低い位置のボタンがお尻や荷物でおされてしまうこともあるよ。どうしたらいいかな？

スピーカー
「今、何階です」などとアナウンスがあると、視覚障害者にはわかりやすい。でも、脳の障害でその声が「つらい」と感じる人もいる。そんな人のことを考えたら、どんな工夫があるといいかな？

いす
高齢者や病気の人、けがをしている人、重い荷物を持っている人のために、いすが置かれている所がある。車いすのじゃまにならない広いエレベーター内なら、良い工夫かも！

鏡
車いす使用者は前向きで乗って、そのまま後ろ向きに下りることが多い。中で方向転換するのは難しいからだ。だから、後ろを確認するために、エレベーターの中には鏡がついている。
でも、鏡が正面にあると、ロービジョン*の人は出口とまちがえたり、混乱したりするかもしれない。どうしたらいいかな？ 考えてみよう。

*ロービジョン ▶P12

2
つながる

人と人がつながるには、
「伝えたいことを伝えること」
…コミュニケーションが、とても大切だ。
コミュニケーションは、わかり合うこと。
コミュニケーションがなくなったら、世の中はわからないことばかり。
不安だし、ときにはとても危険になることもある。
伝えたいことを伝えるための、工夫を探してみたよ。

UDトーク

みんなのコミュニケーションの道具「UDトーク」

「UDトーク」は、話している内容がすぐに文字として出てくる、スマートフォンやパソコンなどで使うアプリケーション。聴覚障害者、「聞く」よりも「見る」「読む」ことが得意な人、使う言語がちがう人など、いろいろな人との会話を支援してくれる道具だよ。

使い方

UDトークはアプリケーションなので、自分のスマートフォンやパソコンにインストールして使う（インターネットに接続しておく必要がある）。

その場の会話に参加するときは、「トークに参加する」を選択する。自分がさそう場合は、「トークを公開する」を選んで、自動で出てくるQRコードをみんなに読み取ってもらう。

「ひとりで使う」を選んだ場合、自分のスマートフォンに話しかけて、出てきた文字をそばにいる人に見せたり、スクリーンに映し出して字幕にしたりできる。

工夫｜たくさんの言語に翻訳
2016年12月現在、日本語と16のことばにその場で翻訳して表示できる。

工夫｜音声でも
読み上げ機能がついているので、文字を表示すると同時に聞くこともできる。

工夫｜読みがなをつけられる
表示する文字に読みがなをつけることができる。また、「漢字かな設定」でひらがな表示にできる。設定を「小学2年生」にすると、小学2年生が習っていない漢字はひらがなになる。

UD書体*

文字は、読みやすく、わかりやすい「UD書体（みんなの文字）」を使っている。
*UD書体 ▶P72

手書きも表示

スマートフォンの画面に指で書いた文字やイラストも、相手の画面に表示できる。

直すのもかんたん

誤変換（誤った変換）を直したいときは、キーボードを使って修正できる。また、個人の名前や難しいことばなど、事前に文字登録をしておけば、誤変換を少なくできるよ。

保存も消去もできる

スマートフォンやパソコンに表示された会話をそのまま保存することもできるし、消すこともできる。

学校集会では

入学式や卒業式など、みんなが集まる学校の行事では、マイクの音声を直接取りこんで、スクリーンに字幕のように映し出すことができる。

自動で話しことばを認識する

「公園に遊びに行く」「講演を聞きに行く」「公演を観に行く」。日本語には、読みは同じでも、ちがう意味のことばがたくさんある。UDトークは、「こうえん」と認識した後、その次のことばを認識して、「こうえん」を正しい漢字に直すので、話したことばをほぼ正しい文字で表すことができる。

何人でも使える

スマートフォンでQRコードを共有すれば、初めて会う人とでもすぐに会話を始めることができる。ひとりでもふたりでも100人でも同時に使うことができる。聴覚障害者だけでなく、耳で聞いた音を頭の中でことばにするのが難しい人や、話を聞きのがした人なども、理解を深めることができて便利だ。

2 つながる UDトーク

UDトーク開発者 青木 秀仁さん

　UDトークは、たくさんあるコミュニケーションの方法のひとつです。話したり、書いたり、手話を使ったり、このアプリを使ったり、いろいろな方法を組み合わせれば、もっとたくさんの人とコミュニケーションできるようになると思いませんか。

　UDトークは、マイクに近づけて話すとほぼ完璧に文字にできますが、まちがって出ても、言い直したり、書き直せばいいだけ。言いまちがいは当たり前のことです。だから、それをそのまま文字にすることにしました。会話は「流れ」なので、聞きのがしても後でわかったりします。それと同じ感覚をUDトークは大事にしました。途中経過がないと、聞こえない人にとっては完全に無音の状態ですよね。最後に正しいものを出せばいい、というのは、健常者（障害がない人）の発想なんです。「正しくないとダメ」というのは、ユニバーサルデザインじゃないと思います。

　このアプリは、有料の機能もありますが、基本的に無料にしたのは、ひとりでも多くの人に使ってほしいから。コミュニケーションしたい気持ちがあれば、ゆっくりしゃべったり、身ぶり手ぶりを使ったりしますよね。そんな風に、このアプリを使ってほしい。

　これからは、会話や講演などを文字で見ることが当たり前になればいいな、と思います。きっとそうなるので、今の時点でいちばん良いものを提供するために、日々バージョンアップしています。

取材協力●シャムロック・レコード株式会社

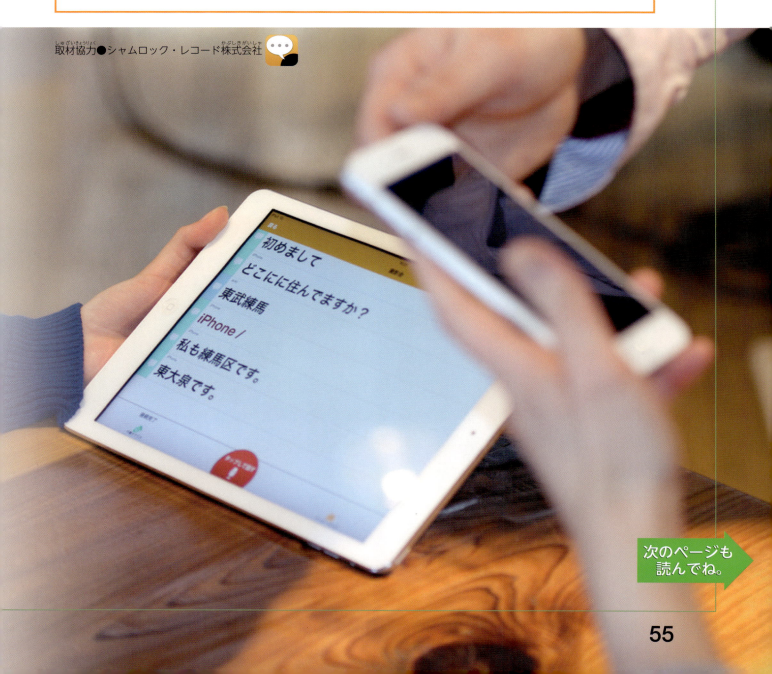

次のページも読んでね。

使っているよ！

UDトークは、本山くんにとってのメガネ。授業が楽しくなった！

本山 悠くん（中2）

「世界を広げたかった」と、通常学校へ

生まれつき耳が聞こえない本山悠くんは、幼い時に人工内耳の手術を受けました。ふだんは、手話と、くちびるの動きから話の内容を読み取る「読話」を使ってコミュニケーションをしています。

6年生まで特別支援学校に通っていましたが、中学校は通常学校を選びました。理由は、「世界を広げたかった」から。そこで、山梨県にある駿台甲府中学校を受験し、無事に合格。生徒数が少なく、先生に手厚く教えてもらえた特別支援学校とはまったく異なる学校生活が始まりました。

先生もがんばった！

学校の先生たちは、本山くんが入学するにあたって「できるかぎりのことをしていきたい」と考えていました。学年主任の中村圭世先生を中心に、本山くんの学校生活を支え、ちゃんと授業に参加できるよう、工夫をしてきました。

まず、すべての教科の先生に、授業内容をできるだけ黒板に書いてもらうようにしました。本山くんが黒板を見れば、授業内容がだいたいわかるようにするためです。そして、本山くんは読話ができるので、先生の口元がよく見える前の席に座りました。1日の終わりには、授業内容がきちんと伝わっているか、先生が本山くんのノートを確認するようにしました。

全校集会や遠足のときなどは、本山くんのとなりに先生がついて、話の内容をノートに書いていきます。本山くんはそれを横から見ながら、いま、だれが、何を話しているのかを理解します。

しかし、先生がどんなにがんばっても、文字を書くスピードより話すスピードのほうが速いので、耳が聞こえる生徒たちに比べて、本山くんが得る情報はとても少なくなってしまいます。

UDトークを見つけたよ

本山くんが中学校に入学してすぐ、本山くんのお父さんは、授業でUDトークを使ってもらえないかと学校に相談しました。先生たちといっしょに使ってみると、ことばをきちんと認識しなかったり、誤変換されてしまったりして、学校では使えませんでした。ほかのアプリケーションも探してみたのですが、良いものがありませんでした。

半年後に、またUDトークを試してみました。すると、びっくりするほど性能が良くなっていました。開発者の青木秀仁さんがUDトークの使い方を説明しに来てくれました。本山くんだけを特別あつかいするようなことはしたくないな、と考えていた先生たちは、UDトークが本山くんのコミュニケーションを助けるだけでなくて、学校の中でのいろいろな活動に役立つアプリケーションだと知り、使ってみることにしました。

授業にUDトークが大活やく！

ある日の国語の授業。先生はいつものように首からマイクを下げ、ひもをきつくして口元にマイクを近づけます。「この方が正確に出るんです」。

先生も本山くんも、タブレット端末のUDトークを起動させました。先生が、〈いますぐトークを公開する〉をタップすると、QRコードが出てきま

す。本山くんは、〈トークに参加する〉をタップして、先生のタブレットに出ているQRコードを読み取りました。これで、先生が話したことが、本山くんのタブレットに表示されるようになります。

いつもどおり、授業が始まりました。

あらかじめ用意された文節を組み合わせて作文をします。本山くんは、黒板と先生の口元とタブレットを見ながら授業を理解します。しばらくして、先生はある生徒をあてました。その生徒は「君がさよならと言った横顔を、私はいつまでも忘れない」と答えました。先生は「うん、そうだね。君がさよならと言った横顔を私はいつまでも忘れない。正解です」と、生徒の答えをくり返しました。本山くんは、タブレットに出てくる文字を見て、クラスメートがどう答えたのかを知ることができます。

次に、教科書を読み上げます。本山くんにも順番がまわってきました。本山くんは耳が聞こえないため発音することが難しいのですが、みんなも教科書の文字を追いながら、本山くんの声を聞いています。

「わいわいがやがや」が聞こえる！

クラスがさわがしいと、意味不明な文字の列がタブレットに現れます。それは、本山くんにとって初めての「雑音」でした。これまで、先生がおもしろい話や雑談をしたり、クラスメートが笑ったり、さわいでいたりしたとき、それは本山くんにとって「空白」の時間でした。それが、UDトークを使い始めると、先生が黒板に書かない話もわかるようになり、教室の「わいわいがやがや」を感じられるようになりました。以前より授業がわかるようになって、勉強が楽しくなったと言います。中村先生も、「本当に明るい表情になりました」と、本山くんの変化に喜んでいます。

UDトークは、本山くんのメガネ

初めのころ、中村先生は、「目が悪い人がメガネをかけているでしょう。本山くんにとってUDトークはメガネと同じなんだよ」と生徒たちに話しました。今はもう、本山くんにとってUDトークがなくてはならないものだということを、学校のみんながわかっています。

UDトークを使うようになって、ほかの生徒たちにも良い影響がありました。本山くんに向けて工夫をした授業は、ほかの生徒たちにとってもわかりやすいものだったので、本山くんのクラスは学力が上がっているそうです。

UDトークは、本山くんだけでなく、まわりのみんなにとっても可能性を広げるアプリケーションです。世の中には、いろいろな人がいて、いろいろなコミュニケーションの方法があります。工夫の積み重ねが、新たな出会いにつながり、可能性や選択の幅を広げてくれます。

2 つながる UDトーク

国語の中村幸央先生は首元にマイク（左の写真の○）を、本山くんは机の左上にタブレット端末（上の写真の○）をセット。今では後ろの席でも授業がよくわかります。

学年主任の中村圭世先生は、本山くんの理解者です。

友だちのバカな話も聞きたい

取材協力●学校法人駿台甲府学園・駿台甲府中学校・本山悠くん
中村圭世先生・保坂明子副校長・中村幸央先生

スマートフォン

苦手な人も使いやすい「らくらくスマートフォン」

スマートフォンは、液晶の画面をさわって操作する機械。電話だけでなく、メールの送受信、写真や動画の撮影、ゲームを楽しんだり、天気を調べたり、ラインやツイッターなどのSNS（ソーシャル・ネットワーキング・サービス）で友だちや世界中の人と交流したりできる。いまやみんなの生活に欠かせない道具だね。

この「らくらくスマートフォン」は、画面をさわって操作することが苦手な人や、耳が遠い人、目が見えづらい人などにも使いやすいように工夫されていて、スマートフォンを持ったことのない高齢者にも広がっている。

ボタンのようなタッチパネル

ほとんどのスマートフォンは、さわって指をはなした時に操作が確定するので、慣れない人は、スマートフォンの平らな画面の操作が難しい。まちがってちがう場所をさわってしまったり、インターネットをしているときに知らないページに飛んでしまったりするので、スマートフォンに対して「難しいな」「こわいな」と感じてしまうことが多い。

このスマートフォンは、タッチパネルがボタンのようになっていて、さわるだけでは操作が確定しない。少し力を入れておしこむと、タッチパネルが振動し、その振動が指に伝わるので、操作できていることがしっかりわかるのだ。この機能はやめることもできる。

さわるとボタンの色が変わる

さわるとボタンの色が変わるので、自分がどこをおそうとしているのかわかりやすいよ。

見やすい画面

昔の携帯電話より画面が大きいし、さわる部分も大きく、文字や色を単純に、明暗をくっきりさせることで、見やすくなっている。

取材協力●富士通コネクテッドテクノロジーズ株式会社

2 つながる　スマートフォン

らくらくスマートフォン F-12D

耳に当てやすい　発見
受話口の位置がわかりやすく、耳に当てやすい。

聞き取りやすい　発見
まわりがさわがしい場所で電話をするときは、騒音を消して、相手の声を聞き取りやすく調整してくれる。また、自分の年齢を入力して、聞き取りやすい音質にすることができる。
話し相手の声を自動でゆっくりにする機能もついている。

視覚障害者のために　工夫
ほとんどのスマートフォンには読み上げ機能がついていて、サポートサービスもある。「らくらくスマートフォン」は、視覚障害のあるスタッフといっしょに使いやすさをさらに工夫してきた。
たとえば画面が見えないと、何が表示されているのかわからない。でも、3本の指で画面にさわると、今どの画面にいるのか読み上げてくれる。そして、読み上げの速さや声の種類を変えることができる。もし聞きのがしても、もう一度聞くことができるのだ。

緊急のときには
緊急時に大音量のブザーを鳴らし、自分の居場所をまわりに知らせるワンタッチブザーがあるよ。

ワンタッチブザースイッチ　音量ボタン

もっと知識　いざというときに公衆電話を使えるかな？
受話器を外してから、お金（10円玉か100円玉）かテレホンカードを入れる。プーという音が受話器から聞こえたら、かけたい相手の電話番号をおす。
〈もしものときは〉
お金やテレホンカードがなくてもだいじょうぶ。受話器を外して「110」をおせば警察につながる。けがや病気の時は「119」を、海の事故などは「118」をおせば、海上保安庁につながる。

赤色＝生命 (life)

オレンジ色＝いやし (healing)

黄色＝太陽 (sunlight)

緑色＝自然 (nature)

青色＝平穏、調和 (serenity/harmony)

紫色＝精神 (sprit)

「こころの性」と「からだの性」

人間の「性」は、「こころの性*」と「からだの性*」と「だれを好きになるか」の3つの組み合わせからなり、いろいろな「性」がある。

「こころの性」と「からだの性」が一致していて、女なら男、男なら女を好きになる人が多いけれど、そうではない人たちもいる。そうした人たちを性的少数者という。

*こころの性は、自分の性別に対するイメージのこと。
*からだの性は、生まれたときに決まった性別のこと。

「LGBT」って？

「LGBT」は、L（レズビアン＝女性を好きになる女性）、G（ゲイ＝男性を好きになる男性）、B（バイセクシュアル＝好きになる人の性別がいろいろな人）、T（トランスジェンダー＝こころの性とからだの性がちがい、こころの性で生きたい人）の頭文字を取ったもの。

「性同一性障害」は、トランスジェンダーのひとつで、「こころの性」と「からだの性」に違和感をもっている人に対して医師が診断する名前。

レインボーフラッグの歴史

レインボーフラッグを作ったのは、アメリカのアーティストで同性愛者のギルバート・ベイカー。ベイカーは1978年に、同性愛者でサンフランシスコ市の政治家ハーヴェイ・ミルクから頼まれて、8色のレインボーフラッグを作った。

最初は8色それぞれに意味があったが、1979年以降は6色の旗が定着し、多様な性の人たちの誇りを意味する旗として世界中で使われるようになった。

もっと知識

性別は変えられる？

「女性」のからだで生まれたけれど、自分では「男性」だと思っている人やその逆の場合も、さまざまな条件をクリアして手術や手続きをすると、戸籍にしるされた性別を変えることができる。

レインボーフラッグ

「私たちはここにいるよ！」

レインボーフラッグは、「性的少数者」のシンボル（象徴）。アメリカで1979年からゲイやレズビアンの旗として使われ始め、今では性的少数者の存在やプライド（誇り）を表す旗として広がりを見せている。

レインボーフラッグの使われ方　発見

性的少数者が「私たちはここにいるよ」とアピールしたり、尊厳や誇りを表すために使う。これは、レインボーフラッグの誕生から変わっていない。

カフェやお店、街頭などにかかげられている場合は、当事者が運営しているという主張や、「性的少数者を歓迎します」という意味。

また、性的少数者を応援する人たちや、性的少数者に対する差別や偏見（かたよった見方）に反対する人たちも、6色レインボーのステッカーや「レインボーバンド」という腕輪を身につけたりしている。

性的少数者のユニバーサルデザイン

たとえば、公共のトイレでは、「からだの性」が男で「こころの性」が女の人は、男子トイレに入るのがつらい。海外では、入口を男女いっしょにして、中で好きなトイレに入ることができる試みもある。

たとえば、日本の学校では、性別に関係なく名前順の名簿になったり、「君」「さん」と区別しないで、みんな「さん」づけで呼んだりなど、変化してきた。また、制服のズボンとスカートを好きなほうを選べるようにした学校もある。

性的少数者が暮らしやすいユニバーサルデザインも、少しずつ増えてきている。

「やっぱ愛ダホ！idaho-net.」呼びかけ人代表
遠藤 まめたさん
何をして遊ぶ？ どんな服を着る？

ゲームをしたい、スポーツがしたい、本を読みたい、アニメが見たい、外に行って遊びたい、部屋の中で遊びたいなど、いろんな「こうしたい」があります。カレーが好き、おすしが好き、ピンク色が好き、黄色が好き、スカートが好き、ズボンが好き、など、いろんな「好き」があります。

同じように、「自分らしさ」や何を「自然」と感じるかも、人それぞれです。

自分とちがう性別の人を好きになる人（異性愛者）や、こころの性とからだの性が一致する人がほとんどですが、みんなそれぞれ顔や髪型がちがうように、「好き」の形もちがいます。それぞれのちがいを認め合うことが、自分も友だちも大事にすることにつながります。

取材協力●清水晶子（東京大学准教授）・遠藤まめた（「やっぱ愛ダホ！idaho-net.」呼びかけ人代表）

点字
(てんじ)

点字は、視覚障害者が読み書きできる文字。
6つの点を組み合わせるだけで、文字や数字を表せるのだ！
どんなしくみなんだろう？

点字の歴史

現在、世界中で使われている点字は、1825年、フランスのルイ・ブライユ*が考案したもの。ヨーロッパの多くの国で使われていて、点字のことは**ブライユ**（または**ブレイル**）と呼ばれることもある。

日本では、このブライユの6点式の点字を見本にして、さまざまな人が日本語の点字を考えた。そのなかで、1890年（明治23年）11月1日、石川倉次さんが考案した点字が採用され、これが今の日本語点字のもとになっている。

*ブライユはBrailleで、英語では「ブレイル」と読むよ。

> 11月1日は「日本点字制定記念日」になっているよ。

さわって読める文字

点字ができる前にもさわって読める文字は、さまざまな人が、さまざまな場所で、何種類も考えてきた。

フランスのシャルル・バルビエは、軍事目的で夜でもさわって読むことができる「暗号」が視覚障害者の文字として使えることを思いつき、12点式の点字を作った。ルイ・ブライユは、その点字を改良して6点式の点字を作ったのだ。

点字は、読めるだけではなく、視覚障害者自身で書くことができるのが、すばらしいね。

日本の点字

日本で最初に点字を取り入れたのは、東京盲唖学校の校長小西信八さん。ルイ・ブライユの点字を知り、イギリス製の点字盤を借りてきたそうだよ。

その後、小西先生は、なんとかこの点字が日本語で使えるようにしたいと、石川倉次さんなどたくさんの人に頼んだ。それまで視覚障害者は、普通の文字を盛り上げたものをさわって読むしかなかったからだ。石川さんは、考えに考え、さまざまな試行錯誤をして、今の日本語の点字のもとになるものを考案したんだよ。

2 つながる　点字

点字の工夫　たて3点×横2点の6つの点だけで表せる！

盛り上がった点の組み合わせで文字や数字などを表す。現在使われているのは、たて3点×横2点の6つの点。

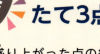

①④
②⑤
③⑥

点の位置を示す番号

基本は「あいうえお」

6つの点の組み合わせには決まりがあって、その基本になるのは、あ行（あいうえお）だ。

（●印が盛り上がった点で、指でさわると、でこぼこがわかる。〇印は、実際には何も書かれていないし、でこぼこもない。）

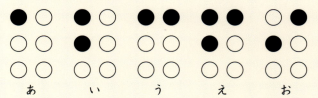

あ　い　う　え　お

「か行」は、「あ行」に⑥の点を足す

か行は、この「あ行」にそれぞれ上の⑥の位置の点（●）を足してできる。（●と●の点が盛り上がっている。）

か　き　く　け　こ

そのほかの行は…

ほかの行も同じように、それぞれの点を足していく。

さ行➡「あ行」に⑤と⑥の点（●）を足す。

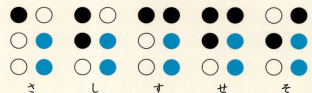

さ　し　す　せ　そ

た行➡「あ行」に③⑤の点を足す。
な行➡「あ行」に③の点を足す。
は行➡「あ行」に③⑥の点を足す。
ま行➡「あ行」に③⑤⑥の点を足す。
ら行➡「あ行」に⑤の点を足す。
★「や行」は特別だよ。

だく音・半だく音などは？

だく音（゛）、半だく音（゜）、よう音（ゃゅょ）、そく音（っ）、数字などは、64ページと65ページの間にある「体験しよう！」のページを見てみよう。

数字の表し方は、ルイ・ブライユのものを使っているよ。

UD 「体験しよう！点字の表」を見てね。

探してみよう！ 点字はどこにあるかな？

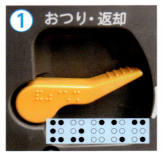
① おつり・返却

②

③

④

道ばたで
● 飲み物の自動販売機
　おつりのレバーに ①
　小銭を入れる口に ②
　お札をいれる口に ③
● 信号機のおしボタン ④
　▶P50

⑤

⑥

⑦

駅で
● 自動券売機 ⑤　▶P42
● 階段の手すり ⑥
● エレベーターのボタン ⑦

家の中で
● 缶ビールのふた ⑧
● 木工用ボンドの容器 ⑨

スーパーマーケットで
● ソースの容器 ⑩
● ケチャップの容器 ⑪
● ジャムのびん ⑫
● ふりかけのパッケージ ⑬

⑧

⑨

⑩

⑪

⑫

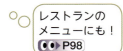
⑬

書店や図書館で
● 点字つきさわる絵本 ⑭　▶P82

レストランのメニューにも！　▶P98

⑭

①〜③と⑥〜⑬の点字は何と書いてあるのかな？
答えは右の「体験しよう！3」を見てね。

点字の表 ①

体験しよう！ ①

五十音

あ行の点の位置を基本として、そこに決まった点を加え、「か行」以降の音を表していくよ。
ただし、「や行」と「わ、を、ん」は例外だ。

あ　い　う　え　お
か　き　く　け　こ
さ　し　す　せ　そ
た　ち　つ　て　と
な　に　ぬ　ね　の
は　ひ　ふ　へ　ほ
ま　み　む　め　も
や　　　ゆ　　　よ
ら　り　る　れ　ろ
わ　　　を　　　ん

だく音・半だく音

だく音や半だく音は、初めに決まった位置の点を置き、続けてその文字の清音（にごらない音）を置く。

★だく音は、　が初めにつく。

が　ぎ　ぐ　げ　ご
ざ　じ　ず　ぜ　ぞ
だ　ぢ　づ　で　ど
ば　び　ぶ　べ　ぼ

★半だく音は、　が初めにつく。

ぱ　ぴ　ぷ　ぺ　ぽ

数字

初めに数符を置き、その後に数字がくる。数符は、後に続く文字が数字だということを表す。

★数字がいくつか並ぶとき、数符は最初につけるだけでよい。

数符

1　2　3　4　5
6　7　8　9　0

点字の表 ②

よう音　初めに決まった位置の点を置くよ。

★ ⠈ を初めに置く。

きゃ	きゅ	きょ
しゃ	しゅ	しょ
ちゃ	ちゅ	ちょ
にゃ	にゅ	にょ
ひゃ	ひゅ	ひょ
みゃ	みゅ	みょ
りゃ	りゅ	りょ

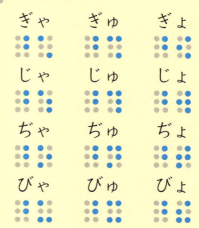

★ ⠘ を初めに置く。

ぎゃ　ぎゅ　ぎょ
じゃ　じゅ　じょ
ぢゃ　ぢゅ　ぢょ
びゃ　びゅ　びょ

★ ⠨ を初めに置く。

ぴゃ　ぴゅ　ぴょ

長音・そく音　のばす音「ー」、つまる音「っ」を表す符号をつける。

長音符（のばす音）　【例】プール　　そく音符（つまる音）　【例】バット

句点と読点、かっこ記号

句点＝文の終わりの「。」　　読点＝文の途中の「、」　　かっこ記号＝（　）

練　習　次の点字を読んでみよう。

【答え】なにが　おこったか　しりましたか

P64の写真の点字と意味

●道ばたで

①自動販売機のおつりのレバー

　　へんきゃく ➡ 返却

②自動販売機の小銭を入れる口

　　こいん ➡ コイン（小銭のことだね）

③自動販売機のお札をいれる口

　　しへい ➡ 紙幣（お札のことだ）

●駅で

⑥階段の手すり

　　いりぐち ➡ 入口

⑦エレベーターのボタン

　　うえ ➡ 上

　　した ➡ 下

●家の中で

⑧缶ビールのふた

　　おさけ ➡ まちがえて飲んでしまわないように、アルコールだとわかるように「お酒」と書いてあるんだ。

⑨木工用ボンドの容器

　　ぼんど ➡ ボンド

●スーパーマーケットで

⑩ソースの容器

　　そーす ➡ のばす音（ー）がわかったかな？

⑪ケチャップの容器

　　けちゃっぷ ➡ 「ちゃ」と小さい「っ」が難しいよ。

⑫ジャムのびん

　　じゃむ ➡ 「じゃ」が読めれば、かんたん。

⑬ふりかけのパッケージ

　　ゆかり ➡ これは商品名だね。

読んでみよう

ヒント！ ➡ P62の「点字の歴史」を見てみよう。

体験しよう！ ④

★「～は」の「は」は「わ」、のばす音の「う」は「ー」（長音符）を使っているよ。

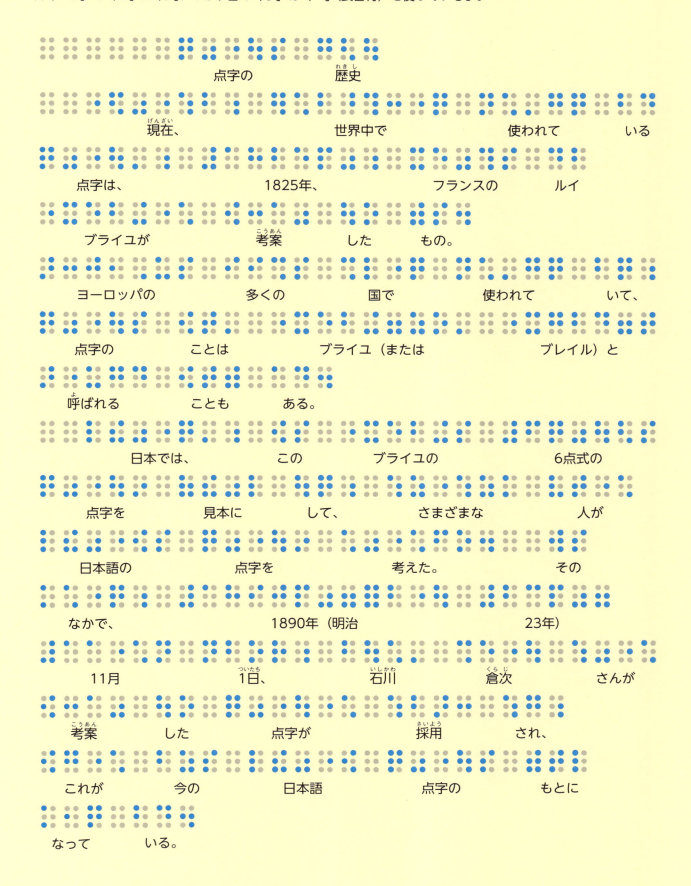

点字の　歴史

現在、　世界中で　使われて　いる　点字は、　1825年、　フランスの　ルイ　ブライユが　考案　した　もの。　ヨーロッパの　多くの　国で　使われて　いて、　点字の　ことは　ブライユ（または　ブレイル）と　呼ばれる　ことも　ある。

日本では、　この　ブライユの　6点式の　点字を　見本に　して、　さまざまな　人が　日本語の　点字を　考えた。　その　なかで、　1890年（明治　23年）　11月　1日、　石川　倉次　さんが　考案　した　点字が　採用　され、　これが　今の　日本語　点字の　もとに　なって　いる。

考えよう！ ほかにどんな所に点字があったらいいのか、考えてみよう。

ここに点字があったら！

キミが通学したり、遊びに行ったり、買い物をしたり、食べたりするいつもの生活の中で、「ここに点字があったらいいのに…」、「ここになければ、不便だろうなあ」という場所や物を探してみよう。

ポイントは、キミが視覚障害者になったつもりで考えることだよ。ただし、実際に目をつぶって歩くのは、危険！アイマスクをしたり、目をつぶったりするときは、必ず先生や保護者にみてもらって、友だちといっしょに実験するようにしよう。

こんな工夫もあるよ！

点字ではないけれど、でこぼこがついているものがある。シャンプーの容器の横についているぎざぎざは、シャンプーとリンスをまちがえないようにするため。牛乳パックの上のへこみは牛乳だとわかるようにするため。電卓の5の数字の上には小さなでっぱりがある。これらは「共用品」と言って、視覚障害者にも視覚に障害がない人にとっても便利な印だよ。

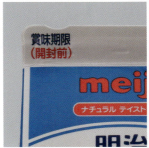 

「食品ラップ」 ▶P106

調べてみよう！

点字はどうやって書くのかな？

調べ方のヒント
・本や新聞で調べる。
・インターネットで調べる。
・インタビューして調べる。
・点字図書館に出かけて調べる。

点字シールがあれば、かんたんだ！

区別がつきにくい容器や、取りあつかいに注意が必要なものには、こんなシールがあるといい。

▶P109

もっと知識 — 点筆

点筆は、点字を打つ（書く）ための道具。これを手ににぎって、点字盤（定規）を使い、紙の裏から打っていく。裏から打つので、右から左に書いていくんだよ。

協力●社会福祉法人 日本点字図書館・社会福祉法人 日本盲人会連合・花王株式会社

両手の人差し指の指先を左右に向けて上下に置き、グルグル回す。これが手話の「手話」ということば。

手話
（しゅわ）

目で見る言語「手話（しゅわ）」

手話は、聴覚障害者がコミュニケーションをとったり、ものごとを考えたりするときに使うことば。手指の動きや顔の表情などを使って、考えや思いを表す「目でみる言語」だよ。工夫しているところは何かな？

手話は「言語」です！

手話は、日本語、英語、フランス語などと同じように、たくさんのことばがあり、文法もある、「言語」のひとつ。

最近は、各地で「手話言語法」の条例が成立し＊、手話をひとつの言語として認め、尊重するようになった。また、手話の普及をめざしている。

＊2016年10月20日現在、55の自治体で「手話言語条例」が成立している。

手話の歴史

聴覚障害者は、昔から、さまざまな国や場所で、さまざまな身ぶり手ぶりでコミュニケーションをとってきたが、手話が「言語」として使われ始めたのは、ミシェル・ド・レペ神父が1760年にフランスのパリに設立したろうあ学校からだといわれている。

日本では、1878年に古河太四郎が設立した学校で、日本手話の原形となる言語が生まれたとされる。

1908年には、東京と京都の聴覚障害者団体が交流を始めたことで、手話言語が定着してきた。それまでバラバラだった手話言語を統一しようという動きも始まった。ところが、その後、ろう学校では、「口話法」という口の動きから相手のことばを読み取る方法が教育され、手話は一時下火になった。

1990年代に入ると、手話教育が復活した。今では、口話法と手話のどちらも使われている。

■顔の表情も大切

手話は手指だけでなく、顔の表情や動きも合わせて表現する言語。怒ったり、笑ったり、気持ちをはっきり顔に出すことで、コミュニケーションがしっかりできる。だから、手話を使う人は、とても表情が豊かだね。

■どこでも顔が見えれば会話できる！

大きな音がするところや、声や音を出してはいけないところでも、手話なら会話ができる。駅のホームの線路をはさんでいても、会話ができて、便利だ。

写真の手の形は、「アイ ラブ ユー（私はあなたを愛しています）」という意味。I・L・Yの形を同時に表している。世界共通の手話だよ。

■日本の手話・海外の手話

日本語でも関西弁や東北弁があるように、手話も地方によってちがうことばがある。でも、手指と顔の表情で表すのは、同じだ。

また、日本語、英語、フランス語などがあるように、それぞれの国の手話言語がある。同じ英語を話しているイギリスとアメリカでも、手話はちがう。

最近は、「世界ろう者会議」や「デフリンピック ●P71」など、世界各国の聴覚障害者が集まる機会が増えたため、「国際手話」も広まっている。「国際手話」は、共通する手話表現や身ぶり表現を組み合わせるなど工夫した手話だ。国際手話通訳者もいるよ。

もっと知識 手話のほかにどんな方法があるかな？

聴覚に障害のある人とコミュニケーションするには、次のような方法があるよ。
- 筆談（紙に字を書く）　・口話（はっきり口を開けて話す）
- 身ぶり手ぶり　・空書き（空中に指で文字を書く）　など。

いろいろな方法を組み合わせてみよう。

手話協力●HAND SIGN　　手話監修●岡本かおり

体験しよう！

手話を覚えて、友だちを増やそう！
手話を覚えると、聴覚障害者とコミュニケーションすることができる。困っていたら手助けすることができるし、友だちもたくさん増えそうだ。

手話協力●HAND SIGN　手話監修●岡本かおり

自己紹介をしよう

●こんにちは。
「昼」＋「あいさつ」で表す。

「昼」は、人差し指と中指をそろえて、額に当てる。
＊時計の12時を表している。

「あいさつ」は、顔の横で右手をななめに動かす。

●はじめまして。
「初めて」＋「会う」で表す。

「初めて」は、指先を前、手のひらを下にした右手を左手の甲の上に置き、上にあげながら人差し指を出してにぎる。

「会う」は、両手の人差し指を立てて、前後に向かい合わせ、近づける。

●ぼくの名前はOzA＊です。
「ぼく（わたし）」＋「名前」＋「OzA」
＊ここには自分の名前を入れる。

「ぼく（わたし）」は、自分の胸を人差し指で指さす。

「名前」は、立てて前に向けた左の手のひらに、右手の親指を当てる。

「OzA」という名前は、英語のOとZの形で表している。
＊名前はニックネームを使うことが多い。手話でどう表すか、自分で考えるよ。

●よろしくお願いします。
「良い」＋「お願い」と表す。

「良い」は、右手のこぶしを鼻に当てて、軽く前へ出す。
＊「鼻が高い」、優れたようすを表している。

「お願い」は、頭を少し下げ、顔の正面でななめに構えた右手を少し前へ出す。

会話をしてみよう

●キミの名前は？
「あなた」＋「名前」（＋表情）で表す。

「あなた」は、人差し指で相手をさす。

「名前」は、立てて前に向けた左の手のひらに、右手の親指を当てる。
＊表情で「？」（たずねるようす）を表そう。

●ぼくの名前はSHINGOです。
「ぼく（わたし）」＋「名前」＋「SHINGO」

指文字で、「し」は親指、人差し指、中指を立てて、横に。

「ん」は、カタカナの「ン」を人差し指で書く。

「ご」は、4本の指を直角に曲げて「こ」を表し、そのまま横に少し動かす。

●何をしたいですか？
「～したい（希望）」＋「する（行為）」＋「何」と表現する。

「～したい（希望）」は、のどに向けた右手の親指と人差し指を、前ななめ下に引きながら、閉じていく。

「する（行為）」は、両手の甲を平行に置いて、同時に前へ出す。

「何」は、たずねる表情で、人差し指を左右にふる。

●車いすバスケを見に行きたいです。
「車いすバスケ」＋「見る」＋「したい」と表現する。

「車いすバスケ」は、車いすの車輪とバスケットボールのボールをドリブルしてシュート！　わかりやすいね。

「見る」は、前に向けて広げた右手の2本の指を目元から前に出す。

「～したい（希望）」は、のどに向けた右手の親指と人差し指を、前ななめ下に引きながら、閉じていく。

●いっしょに行きましょう。
「いっしょ」＋「行く」と表現する。

「いっしょ」の手話は、両手の人差し指を立て、指先を前にして、左右から近づけ、くっつける。

「行く」は、下に向けた右手の人差し指を、右ななめ前へ向ける。

●ありがとう。

頭を下げながら、左手の甲に小指側を直角に乗せた右手を上げる。笑顔で！

試合を見ながら

●がんばれ！

「がんばる」は、両ひじを張って、胸の前で向き合わせた両手のこぶしを力強く2度下ろす。

●拍手！

「拍手」は、両手を上にして、手のひらをひらひらとゆらす。

●楽しいね。

「楽しい・うれしい」は、両手の手のひらを胸の前で、交互に上下させる。表情も楽しそうに！

●良かったね。

右手のこぶしを鼻に当てて、軽く前へ出す。とても良かったときは、大げさにこぶしを前に出そう。

帰るときは

●ぼくは帰ります。
「帰る」＋「わたし」と表現する。

「帰る」は、開いた右手の親指と4本の指を閉じながら、右ななめ前へ出す。姿がだんだん小さくなって遠ざかっていくようすを表している。

●わかったよ。

右手のてのひらで胸をたたく。

●また会いましょう。
「再び」＋「会う」と表現する。

「再び」は、2本の指を立て、左に向ける。

「会う」は、両手の人差し指を立てて、前後に向かい合わせ、近づける。

●バイバイ！
手のひらを広げて、顔の横でふる。

●P68〜70で紹介する手話は、動画で見ることができるよ。右のQRコード、または学研出版サイト「発見！体験！工夫がいっぱい！ユニバーサルデザイン」からアクセスしてね。
＊パソコン、タブレット端末、スマートフォンで見られます。
＊一部の機種では、見られない場合があります。

HAND SIGN

HAND SIGNは、五人組ボーカル&パフォーマンスグループ。音楽やダンスですべての人たちに笑顔になってもらえるように、老若男女問わず楽しめるようなライブ空間を追求し続けている。

2016年5月には、「手話ダンスでフィリピンの子どもたちに夢と笑顔をとどけたい」という目的で、フィリピンの経済的事情や虐待や障害による差別などの理由で保護されている子どもたちの施設などを訪れた。

また、「これから社会で活やくする若い人たちに、手話というひとつの言語を知ってもらいたい」と、地元神奈川県内の中学校や高校に出向き、手話ダンスパフォーマンスをひろうする活動は、2016年3月で「50校公演」を達成。100校公演が目標だ。

これからもパフォーマンスを通じて、手話、そして耳の不自由な人たちへの理解が深まるよう活動を続けていくよ。

もっと知識　ろう者＊のオリンピック「デフリンピック」

聴覚障害者が出場する国際スポーツ大会は、パラリンピックではなく、「デフ＊リンピック」。デフリンピックは、夏季大会が1924年から、冬季大会が1949年からそれぞれ4年に一度開かれている。日本選手も活やくしているよ。

＊ろう者＝聴覚障害者のことを「ろう者」ともいう。
＊デフ（deaf）＝英語で聴覚障害者のこと。

こんな手話もあるよ！

P60〜61に出てきた、LGBTに関する手話にちょう戦してみよう。

●LGBT＊

左手が英語の「L」、右手の親指と人差し指を立てて半回転させながら、右に動かし、「いろいろ」を表す。

●セクシャルマイノリティ（性的少数者）

左手の中指を立てて、指文字の「セ」を表す。右手は親指と人差し指を開いて、左手に向かって親指と人差し指の間を少しずつせまくしていき、「少ない」ことを表す。

●レインボー＊

右手でレインボーフラッグの6色を表す「6」をつくり、左から右へ上に向けて大きな弧を描く。一般的な「虹」の場合は、右手は「7」の数字で表す。

＊LGBT、レインボーフラッグ ▶P60

取材協力●Deaf-LGBT-Center

●セクシャリティ（性）

丸めた両手の指先をつけ合わせて、左右に引くと同時に指先を閉じる。

Deaf-LGBT-Center 山本 芙由美さん

正しいLGBT手話を広めるために2013年ごろから活動しています。「ろうコミュニティ（耳の聞こえない人の社会）」も、「聴者コミュニティ（耳の聞こえる人の社会）」と同じように、LGBTに対する差別感情が強いと感じ、2014年春にDeaf-LGBT-Center＊を立ち上げました。

性の多様性（さまざまであること）を表す手話表現には、差別的なものもあり、LGBT手話をつくる時には、当事者が気持ちよく使えて、表現しやすく、広がりやすいものになるように気をつかいました。

手話はひとつの言語なので、手話言語学者の意見も参考にしました。

手話も時代とともに変化していきます。これからもさまざまな性を表現する手話を増やしていきたいと思います。また、手話通訳者になる人がLGBT手話を習得できるよう、手話テキストにものせてほしいです。

時代に合わせて、新しい手話がどんどんできているよ。
＊Deaf-LGBT-Centerの「LGBT手話表現サイト」も見てみよう。

だく点や半だく点を大きく

小さい文字だと、だく点「ﾞ」か半だく点「ﾟ」かがわからなくなることがある。そこでだく点「ﾞ」や半だく点「ﾟ」を大きくして、区別をつきやすくする。これなら、読みまちがえることがない。

文字の種類の名前だよ。

UD新ゴNT

夏の空にブランコを360度、

空間を広くとってわかりやすく

とくに漢字の画数が多い文字は、小さくなると、つぶれて読みにくくなってしまう。そこで、空間を広くとって、見やすくする。そうすれば、遠くからでも読みやすくなるよ。

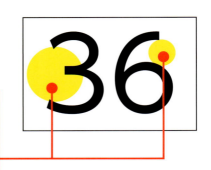

はなれた所も広くする

Sや3や8のように似たような数字やアルファベットも、はなれた所を広くはっきりさせると、まちがえない。

UD書体

UD書体のマークだよ。

わかりやすく、読みやすく、まちがえにくい文字

「文字」は、本や雑誌、コンピューターの画面の中、商品の名前や価格、看板や駅の表示など、さまざまなところにある。交通標識や道路標示にも「文字」が書かれている。
その「文字」が読みにくかったり、まちがって読んだりしたら、大変だ。だれでも読みやすく、わかりやすく、まちがえにくい文字って、どんな文字だろう。

取材協力 ● 株式会社モリサワ・株式会社タイプバンク

2 つながる UD書体

うさぎ追いしかの山
（見わたせるかな）
かけて、見わたせるかな

もっと知識　海外のUD書体
海外にはUD書体はいまのところ、ないという。そこで、株式会社モリサワは、海外の書体（文字）を日本国内でUD文字に作り直しているそうだよ。世界には、たくさんの「文字（書体）」があるからたいへんな作業だ。

UDデジタル教科書体

UDデジタル教科書体の工夫
- 今までの教科書体（教科書で使う文字）とちがい、サインペンで書いたような字なので、細い部分が読みにくかった人でも読みやすい。
- 手の動きがわかるような文字なので、止め、はね、筆順や画数がよくわかる。

漢字とかなの大きさを変える
漢字とかなの大きさを変えて、かなを少し小さくする。すると、文章にリズムができて、読みやすくなる。

手書きに近い形に
小さかったり、遠くにあったりして、ちょっと読みにくい場合でも、手書きに近い形だと、直感的にわかる。

新ゴ書体

ＵＤ新ゴ書体

発見

株式会社タイプバンク タイプデザイナー　**高田 裕美**さん

　UD書体を作り始めたのは、10年くらい前からです。いろいろな人の見やすさ、わかりやすさを考え、ひと文字ひと文字直していくので、とても時間がかかります。実際にどんな方がどう見えにくいのか、何と何が読みまちがえやすいのか、しっかりと調査することも必要でした。そこで、特別支援教育の専門家である慶應義塾大学の中野泰志先生と、現場に出かけてたくさんの方にお話を聞きました。すると、ロービジョン＊の方にとっては、横線の細い明朝体や、文字の先が細い教科書体は読みにくいことがわかりました。そのことから、生活の中で使うUD書体のほかに、教科書用のUD書体の必要性を実感して、「UDデジタル教科書体」を作ることにしました。

　中野先生のご協力で、延べ241人の方に実験や調査をした結果、ロービジョンや、ディスレクシアという読み書きに障害のある子どもたちが、どんな文字なら見やすいのかがわかってきました。

　こうして、7年間かけて「UDデジタル教科書体」がやっとできあがりました。これを使えば、遠くから見ても電子黒板の文字が読みやすく、ロービジョンや、読み書きに障害がある子どもも苦労しないで勉強ができるのではないかと思います。障害のあるなしにかかわらず、好きな本を、好きなときに、たくさん読んでほしいです。

＊ロービジョン　P12

コミュニケーション カード＆スタンプ

気持ちがうまく伝えられないときは、カードやスタンプで伝えよう

うまくことばで伝えられなくても、カードやスマートフォンなどを使って、いろいろな人とコミュニケーションをすることができるよ。

「ハルのきもちいろいろカード」

言語や聴覚に障害がある人だけでなく、質問されてもうまく答えられない、うまく自分の気持ちが表せない、という人はたくさんいる。そんなときに助けてくれるのが、「ハルのきもちいろいろカード」。これはハルくんの表情をひとつずつ紙のカードにしたものだ。

カードの使い方

自分の気持ちにいちばん近いカードを選んで、気持ちを伝えたい相手に見せるだけ。学校や病院などで使われている。家で家族と話すときにも使えるよ。

カードは12種類だけ

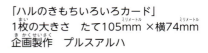

小さい子どもにも使いやすい。また、気持ちがとてもつらいときでも、あまり迷わずに選ぶことができる。

もっと知識 「コミュニケーション支援ボード」

文字やことばでやりとりするのが難しい人の気持ちを確認するために使う「コミュニケーション支援ボード」。交番や駅、役所などで使われることが増えている。これは、絵をいっしょに見て、指をさしながらコミュニケーションをするためのボード。指さしが難しい人は、「はい」「いいえ」の合図を決めておく。ホワイトボードがついているものもあって、そこには水性ペンで文字を書くことができる。
災害時、いろいろな人が集まる避難所などで使う「コミュニケーション支援ボード」や、救急車に乗せる「救急用支援ボード」も各地で広がっている。

「ハルのきもちいろいろカード」
1枚の大きさ　たて105mm×横74mm
企画製作　プルスアルハ

2 つながる　コミュニケーションカード＆スタンプ

LINEスタンプ*「ハルのきもちいろいろ編」

「うれしい」「しんぱい」「イライラ」など、40種類のさまざまな気持ちを、ハルくんの表情と色で伝える。明るい気持ちは黄色やピンク、暗い気持ちは水色やグレー、怒りの気持ちは赤色で表現している。

*スタンプは、LINEやフェイスブックなどのSNS（ソーシャル・ネットワーキング・サービス）で使う絵がら。文字を入力しなくても「今の気持ち」を伝えることができる。

工夫

選べないとき
「ふつう」「別に…」などは、気持ちがはっきりしないときや、どれを選んだら良いのかわからないときに使える。「今は、話したくないな」というときにも使えるよ。

発見

選びやすい
たくさんの絵がらの中からひとつを選ぶのは、たいへんなときもある。このスタンプは、色と絵がらが単純で、気持ちを表す文字が大きいので、見やすく選びやすい。

作・ぷるすあるはのちあき

著　プルスアルハ
発行　株式会社ゆまに書房

ハルくんって、だれ？
ハルくんは、絵本『ボクのことわすれちゃったの？ お父さんはアルコール依存症』の主人公。お父さんはお酒を飲むと、大声でどなったり、物を投げたり、キャッチボールの約束も忘れてしまう。ハルくんは、「ボクが悪い子だから」と自分を責め、心を閉ざしてしまう。でもある日、お父さんはお酒をやめられない病気だとわかり、自分のせいではないと知って、ハルくんは少し安心する。

この絵本は、アルコールの問題をかかえる家庭で育つ子どもに「あなたのせいじゃないよ」と語りかけ、家族の回復の一歩までを描いている。

取材協力●ぷるすあるは

ぷるすあるは　ハルくんの生みの親　細尾 ちあきさん

「今、どういう気持ち？」と聞かれたとき、何もないところから気持ちを伝えるのは難しい。そんなときにハルくんのいろいろな表情から「これに近いかな」というものを選んで、今の気持ちを伝えるきっかけにしてほしい。ネガティブ（否定的）な感情もふくめて、「いろんな気持ちがあっていいんだよ」、「だれかに伝えると少し気持ちが楽になるかもしれないよ」、という思いをこめています。

作ってみよう！「コミュニケーションボード」▶ P76

作ってみよう！コミュニケーションボード

伝えたいことを伝えるために

自分の気持ちや情報を伝えるための方法は、たくさんある。声に出して伝えたり、ことばを書いて見せたり、身ぶり手ぶりで伝えたりすることもできる。ことばで伝えることが苦手な人は、カードやスタンプ、旗やバッジで思いを表すこともできるね。

▶P74

ここでは、災害時の避難所にいるときに、必要な情報を伝えるためのコミュニケーションボードを工夫して、作ってみよう。

ポイント

- ひと目でわかるように、わかりやすく大きな字で書こう。わかりやすい字はどんな文字かな？
- 漢字とひらがな、両方で書いてみよう。高齢者には、漢字のほうが伝わりやすい場合もあるよ。
- 英語や中国語など、わかるはんいで外国語も書いておこう。
- あり合わせの材料で作る工夫も大切だ。いくつも作るのではなく、時間や場所など変えたい部分だけ、はりかえればよいようにしておこう。
- 情報が伝わりやすいように、絵やマークを考えてもいいね。

どんな場所？

避難所は、地震や台風などの災害が起きて、住んでいる場所にいられないときに生活するための場所だ。公民館や小学校など、その地域の公共の場所が指定されることが多い。

災害の大きさによっては、たくさんの人がそこで長く生活することになり、食料や洋服、ふとんや毛布などが足りなくなってしまうこともある。その場合、さまざまな場所から「救援物資」がとどくことになる。

避難所では、多くの大人たちやボランティアの人たちが世話をしてくれるが、子どもにもできることがあるはずだ。

どんな人に伝えたい？

避難所には、高齢者も赤ちゃんを連れた人も、小さな子どもも、聴覚障害者も視覚障害者も、日本語のわからない人もいるかもしれない。病気の人もいるかもしれない。たくさんの人に伝わるボードにするにはどうしたらいいか、考えよう。

使い方

大きな画用紙か段ボールに伝えたい内容を書いて、壁やドアなどにはる。または、持って立つ。

視覚障害者のために、声を出すことも必要だね。まわりの人にも相談しよう。

伝えたいことは？

救援物資の到着時間や場所、風呂に入ることのできる時間や場所など、避難所には、みんなに伝えなければならない情報がたくさんあるはずだ。想像してみよう。

注意！
実際に使うときは、必ずまわりの大人に相談して使おう。

コミュニケーションボードはこんなときにも利用できる

たとえば、文化祭などの学校行事で、たくさんのお客さんが来るときにも、使えるよ。

3
楽しむ

ゲームをしたり、絵を描いたり、本を読んだり、映画を見たり、
スポーツを観戦したり、公園で遊んだり、おしゃれをしたり、
みんなで食事をしたり…、楽しいことはいっぱいあるね。
でも、みんながみんな、好きなことを楽しむには、
少し工夫がいるのかもしれない。どんな工夫かな？

テーブルゲーム

年齢　5歳〜
時間　15分〜
人数　3〜5人

みんなでいっしょに遊べる
「ダッタカモ文明の謎」

「ゲーム」というと、コンピューターゲームを思いうかべる人が多いと思うけれど、これは、テーブルを囲んでみんなで遊ぶゲーム。目が見える人も見えない人もいっしょに楽しめるゲームだよ。

> **テーブルゲームとは**
> トランプを使ったカードゲームや、「盤＝ボード」を囲んで遊ぶボードゲームのこと。ボードゲームはサイコロをふって、出た数だけコマを進める「すごろく」が代表的だが、ほかにもいろいろな遊び方をするゲームがある。囲碁や将棋もボードゲームの一種。コンピューターゲームよりずっと昔からあり、世界中にファンがいる。

「ダッタカモ文明の謎」の遊び方

「ダッタカモ文明」という古代文明の遺跡から発掘されたという設定の「コマ」が、12個ある。

①博士役になった人が、そのうちのひとつを選び、コマをさわって「それが何か」を心の中で決める。それは「自動車」のような具体的な物でも、「雷」のような現象でもよく、とにかくその形をさわって連想した物にする。

②ほかの人たちは、そのコマを順番にさわって、「これは食べられますか？」「これは片手で持てる大きさですか？」といった、「はい」か「いいえ」で答えられる質問を、博士にひとつずつしていく。

③それが「何か」を当てた人が勝ち。

ギフトテンインダストリ株式会社
濱田 隆史さん・梶川 晴香さん・佐藤 仁さん

一般に売られているテーブルゲームは、目で見ることから得る情報がもとになって作られていることが多く、視覚障害者にはなかなか遊べない物が多いのです。でも、ふだん目が見える人だけで遊んでいるゲームでも、少しだけルールを変えたり、ちょっとした手助けをしたりすれば、視覚障害者といっしょに遊ぶことができるはず。そこで、この「ダッタカモ文明の謎」を作りました。
まずはいっしょに遊んでみて、目が見えない人が、こういうところは自分たちにはわからないとか、おもしろくない、と教えてくれたら、そこから考えて、工夫して、新しいゲームを作ってみるのも楽しいと思います。　　P104

気持ちのよい手ざわり

コマは、陶器でできている。陶器は価格が比較的安く、いろいろな形を作りやすい。釉薬（うわぐすり）をかけたところはつるつる、かけていないところはざらざらしているので、手ざわりがおもしろく、適度な重さもあって、さわっていて気持ちがよい。

コマは福祉作業所で作る

あらかじめ形を決めたコマを、福祉作業所で、重度の身体障害者や視覚障害者が作っている。

こうした人たちにとって、このコマを作ることは、「土の冷たさや手ざわりを感じて手を動かすことで、脳やからだに良い刺激をあたえる」という効果もある。

目が見えない人といっしょに遊ぶ楽しさ

三日月のような形のコマで、博士役の人の答えが、空にかかる「にじ」だったとき、それを「にじ」だと当てたのは、目が見える参加者ではなく、生まれたときからまったく目が見えない人だった。本物の「にじ」も絵に描かれた「にじ」も見たことがないはずなのに、「にじ」ってこういう形だろうと感覚的にわかったそうだ。

逆に、見たことがないからわからないということももちろんある。そういうとき、目が見えない人が「それはどういうものなの？」と聞いてくるので、目が見える人は説明する。そこから会話が広がる楽しさもある。さわって、形を想像して、みんなで会話する、コミュニケーションゲームなのだ。

3 楽しむ　テーブルゲーム

どんな形？

ひとつの形から、さわる人によっていろいろな物が想像できるように、具体的な形にはしていない。こわれないように、けがをしないように、とがった部分や細すぎる部分がないように注意もしている。

見た目も美しく

目で見て美しいことにもこだわり、きれいな形になるようにし、青い色の釉薬（うわぐすり）を使った。視覚障害者にとっても、「美しいもの」はさわっていてうれしいという感想がとどいている。

取材協力●ギフトテンインダストリ株式会社

触図ペン

みつろう*ペン「ラピコ」で何をかく？

インクがみつろうの触図ペン。かいてからしばらくすると、かいた線がでこぼこと盛り上がって、さわると何がかいてあるかわかる。これなら、目の見えない人も見える人も、いっしょに楽しむことができるね。

＊「みつろう」は、ミツバチの巣の中のろうのこと。

にぎりやすい 【工夫】

小さい子どもでもにぎりやすい大きさと重さで、どこをにぎってもかけるようになっている。ぽつぽつと突起のある点に親指と人差し指が当たるように持つと、コードがじゃまにならない角度でかくことができる。

インクのみつろう粘土 【工夫】

インクは、ドイツのシュトックマー社のみつろう粘土が最適。板状のものをみつろうペンに合うサイズに切って入れる。

みつろう粘土は、みつろうとワックス（油）を混ぜて作られていて、常温では固く、手のぬくもりでやわらかくなる粘土。透明感のある色合いで、ツヤがあり、時間が経っても劣化したり、色が変わったりしない。15色あり、食用の色素で色づけされている。

ペン先 【発見】

ペン先は、ステンレス製で、側面に3本の細いみぞがほってある。ペン先をおすと、ペンの中のバルブが開いて、この3本のみぞを伝わって少しずつインクが出てくるしくみになっている。

ペン先を早く動かすと細い線が、ゆっくり動かすと太い線がかける。

3 楽しむ　触図ペン

みつろうペン「ラピコ」
重さ約150g、長さ115mm

取材協力●有限会社 安久工機

使い方

みつろうペンの本体に、インクとなるみつろう粘土を入れて使う。ペン先をおすとインクが出て、細い線も太い線もかくことができる。みつろう粘土は約15秒ぐらいで固まるので、手でさわって確認しながらかいていくことができる。

固まったみつろうは、定規やへらでけずるときれいに取れるので、かき直すことができる。けずったみつろう粘土は、またペンの上から入れて再利用できる。

紙やプラスチック、ガラスなどにもかくことができる。

みつろうペンの中

ペンの中には、ヒーターで包まれたアルミの筒が入っている。電源を入れると、筒の中に入れたみつろう粘土が温められて溶ける。

ペンの本体は熱が伝わらない素材でおおわれているので、持っても熱くない。みつろう粘土を約70度に保つために温度センサーがついていて、ずっとかき続けることができる。

色を変えたいときは、上のふたを開けてさかさまにして、溶けたみつろう粘土を取り出す。色を混ぜて使うこともできる。

有限会社 安久工機　田中 隆さん

みつろうペンは、香川県立盲学校の美術教師、栗田晃宣先生と8年をかけて作りました。栗田先生は、目の見えない子どもたちも使える絵筆が必要だと考え、湯せんで溶かしたみつろうを筆でかいてみたのですが、すぐに固まってしまうのです。

栗田先生は、いろいろな会社に「みつろうでかける絵筆を作ってほしい」とお願いして、めぐりめぐってうちの会社でやってみることになりました。

栗田先生の思いをなんとか形にしたくてすぐに取りかかりましたが、うちは小さな町工場なので、開発のお金がたくさんあるわけではありません。栗田先生と数百通のメールのやりとりをしながら、2年後にようやくサンプルの機械を作りました。

苦労したのは、インクとなるみつろうです。ワックスやクレヨンなどいろいろなものを試しました。チョコレートを試したこともありますが、たどり着いたのが、このみつろう粘土です。みつろう粘土を溶かすのにちょうど良い温度を見つけるのにも、時間がかかりました。

ペンのデザインは、プロのデザイナーさんにお願いしました。持ちやすくて、かわいい姿になりました。

生まれつきまったく目が見えない人やロービジョン＊の人など、いろいろな人がいますが、みんなが使える道具って、これまであまりなかったのです。

学校などでも、友だち同士でかいたものをさわり合うことができるので、楽しみが増えたと喜んでくれています。子どもたちが豊かな想像力をこのペンで表現してくれて、とてもうれしいです。

みつろうペンでかかれた作品は一点ものです。目の見える人は、写真などで作品を見ることができますが、見えない人にはわからないので、多くの人にさわってもらって共有してもらえるように、作品をコピーできる技術を開発したいです。

＊病気やけがなどのために十分な視力が出ない、視野がせまくなるなどの状態を「ロービジョン」と呼ぶ。視覚障害のひとつ。

UD絵本
（ユーディー）

目が見える人も見えない人も、いっしょに楽しめる絵本

「点字つきさわる絵本」には、点字でことばが書かれ、絵の部分に「触図」という、さわると形がわかる加工がしてある。みんながよく知っている『ぐりとぐら』の絵本の中に、どんな工夫があるのかな。

わかりやすい加工

点字と触図は、とうめいな樹脂インクで印刷してある。かんたんにはがれないように、また、さわったとき形がよくわかるようしっかり盛り上げてあって、それでいて、さわって痛くないような固さになっている。

発見　もようで区別

もとの絵では、ぐりは青、ぐらは赤の服と帽子で、区別がつくけれど、色のちがいは視覚障害者にはわからない。そこで、触図では、ぐりは「ストライプ（しまもよう）」、ぐらは「ドット（水玉もよう）」の服と帽子で、さわって区別がつくようにしてある。

発見　手ざわりで感じが出るように

たまごはつるつる、木やカゴはざらざら、カステラはふんわりしている。どんな手ざわりだとそれらしい感じがするか、編集者たちで考えて話し合い、目の見えない人に実際にさわってもらって意見を聞き、修正している。

3 楽しむ　UD絵本

もっと知識　てんじつき さわるえほん『ぞうくんのさんぽ』

なかのひろたか さく・え
なかのまさたか レタリング

　福音館書店「てんじつき さわるえほん」の2冊目がこの本。触図では「遠近感」を出すことが難しいので、動物の配置を工夫したり、背景の絵を省略したりしている。

　手ざわりは、ぞうくんは「大きくてつるつる」、かばくんは「細かい水玉もよう」、わにくんは「輪かく線とギザギザの歯がよくわかるように」描いてあり、動物たちのちがいを工夫している。

　形がわかりにくいぞうくんのポーズがあったので、作者のなかのさんに、触図のためだけの新しい絵を描いてもらっている。なかのさんは「自分の手をはなれて、絵本がいろんな歩き方（広がり）をしてくれることが、うれしい」と言ってくれたそうだよ。

みんなの感想

　『ぐりとぐら』も『ぞうくんのさんぽ』も、試作品を4、5回つくり直し、特別支援学校の視覚障害のある子どもたちや先生にさわってもらって、感想を聞きながら作っている。完成した絵本をさわって読んだ後の、視覚障害者たちの感想は、「ぐりとぐらのしっぽはこんなに長かったの！」「たまごは、ぐりとぐらと比べてこんなに大きいんだ！」など。物語を読んだり聞いたりしただけではわからなかったことが、さわって「見る」ことで初めてわかったそうだよ。

工夫　話の流れがわかるように

　ぐりとぐらのリュックの中にはいろんなものが入っていて、ふくらんだリュックから「こむぎこ」のふくろが少し見えることで、ほかにもいろいろ入っていると想像できる。でも、この絵をそのまま触図にしても、その想像がしにくい。そこで、もとの絵にはない「バター」と「こむぎこ」を、リュックの外にならべて描いている。

　触図は、もとの絵をそのままなぞるのではなく、もとの絵にないものを描き足したり、反対に省略したりして、話の流れをわかりやすく工夫している。

福音館書店編集部　寺久保 未園さん

　だれでも知っている絵本を、だれでもが手にとって、みんなでいっしょに読んで楽しんでもらえるように、この絵本を作りました。視覚障害のある人が楽しめるのはもちろん、障害のない人も、「さわる」感覚をとぎすませて楽しんでほしいと思います。

てんじつき さわるえほん
『ぐりとぐら』
中川 李枝子 作　大村 百合子 絵
協力・横浜市立盲特別支援学校／石井みどり／てんやく絵本ふれあい文庫・岩田 美津子／点字つき絵本の出版と普及を考える会

取材協力●福音館書店

ミライスピーカー

みんなで楽しめるスピーカー

音が聞こえにくくなると、テレビの音を大きくしてしまうので、まわりを気にしたり、ひとりでテレビを見るしかなかったりする。「ミライスピーカー」は、そうした人にも聞こえやすく、よく聞こえる人ともいっしょに楽しむことができるスピーカーだよ。なぜだろう？

工夫

曲がった板がつくる音

ミライスピーカーの音が聞こえやすいのは、スピーカーの中に入っている、曲がった板のおかげ。ふつうより少しこもった音になり、遠くまではっきりと伝えることができる。

スピーカーの内部

3 楽しむ　ミライスピーカー

株式会社サウンドファン　佐藤 和則さん

耳が遠くなった高齢者にとっては、ふつうのスピーカーより蓄音機*の方が聞き取りやすいという話を聞いて、ミライスピーカーを作りました。

大音量でテレビを見ている父親に試作機を試してもらったら、ふつうの音量でも「よく聞き取れる」と言うんです。それから、3年間で420人の難聴の方に聞いてもらいましたが、ふつうのスピーカーより聞こえやすいという方がたくさんいました。でもその音は、耳がよく聞こえる人にとっては、こもった音に聞こえるので、ふつうの音を混ぜて聞けるようにしました。

音の聞こえにくさは人によってさまざまですが、軽度から中程度の難聴の方にはよく聞こえるようです。

＊蓄音機＝円盤のレコードのみぞに針を当てて、音を再生する装置。

これからの工夫

ミライスピーカーの音は、小さくても遠くまで消えずにとどくので、小型化して介護ロボットやATM（現金自動預け払い機）、病院の窓口、バスや電車などの公共交通機関で使えば、いろいろな人にきちんととどける音を出せるようになる。

大きな音を出せるようにしたり、水やほこりに強くしたり、電気や電池がなくても使えるようになれば、災害時や非常時に使う拡声器に応用できるね。

曲がった板がつくる音のひみつ

スピーカーとは、音の信号を振動に変えて聞こえるようにする機械。その振動は、波の形で空中を伝わり、私たちの耳にとどく。

一般的なスピーカーの音の波は、波紋のように広がっていくのに比べ、ミライスピーカーは、海の波のような形で広がる。また、一般的なスピーカーの音は、遠くなると音が広がって弱くなるので、聞こえなくなる。ミライスピーカーは、遠くはなれても音が広がらず、小さくならないので、はっきりと聞こえるのだ。

一般的なスピーカー　　ミライスピーカー

もっと知識　音の不思議

音は見えないので、聞こえ方については、まだまだわからないことが多い。わかっているのは、音を出しているものはふるえているということ。そのふるえが空気や水、物体に伝わり、それが私たちの耳の中にある鼓膜に伝わって、脳が音として認識するのだ。

音にはさまざまな成分がふくまれていることもわかっている。また、人の話し声は、波長が短く、上下にたくさん運動するので、遠くまでとどかない。音は人のからだや洋服に吸収されやすいので、同じ大きさでしゃべっても、人が少ないところではみんなに聞こえるが、人がたくさんいると後ろの方の人には聞こえない。

取材協力●株式会社サウンドファン

 試してみよう！

オルゴールに曲がった板を当ててみると、遠くまで音が聞こえるようになるよ。試してみよう。
プラスチックの下じきと、画用紙、どっちが遠くまで聞こえるかな？大きさを変えるとどうだろう？
みんなで実験してみよう！

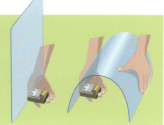

取材協力／シネマ・チュプキ・タバタ
映写設備＝DLA-X750R　デジタル上映
スクリーンサイズ＝120インチ、ホワイトスクリーン
音響設備＝360度音に包まれるフォレストサウンド
座席＝20席（車いすスペースふくむ）

音声ガイド

視覚障害がある人も映画が楽しめるように、座席についているイヤフォンジャックにイヤフォンをつないで、音声ガイドを聞くことができる。イヤフォンは右と左で別々に音量調節ができるので、難聴の人も、場面解説を聞きたいという人にも便利。最初は、小型のラジオを使っていたけれど、座席に直接イヤフォンをつなぐことで、ラジオを落とす心配もなく、ひざの上がすっきりしていいと好評だ。イヤフォンは、貸し出しされている。自分のものを使っても良い。

音声ガイドの内容

音声ガイドは、登場人物のセリフのじゃまをしないよう、画面に映る背景や情景を音声で解説し、見えなくても映画の内容がわかるように語られる。上映作品が決まったら、映像を見ながら解説したものを何本か録音し、それをわかりやすいように編集して、限られた時間内で作る。

車いすスペース

車いすのまま鑑賞できるスペースがある。幅70cmの車いすなら3台入る。もちろん、入口から客席、トイレまで、車いすで利用できるようになっている。

森をイメージした館内

「チュプキ」は、アイヌ語で「自然の光」という意味。館内の内装は、自然のやさしい光や、森をイメージしている。床は緑の芝、切りかぶや熊のクッションがさりげなく置かれていて、「映画館」というより、森の中で映画を見ているような、ゆったりした気分になれる。

UD映画館

町の小さな映画館はみんなの映画館

視覚障害者も、聴覚障害者も、車いす使用者も、小さな子どもも大人も、みんないっしょに同じ映画を楽しむことのできる映画館がある。2016年9月1日にオープンした「シネマ・チュプキ・タバタ」には、どんな工夫があるのかな。

「シネマ・チュプキ・タバタ」代表
平塚千穂子さん

障害者のための映画館というより、近所の人に愛される映画館でありながら、目や耳の不自由な方や車いすの方など、どんな方が来ても対応できる映画館、と考えていただければうれしいです。

工夫

子どものための鑑賞室

映画を見ている途中で、泣き出した小さな子どもや、障害などのためにじっとしていられなくなった人が、気持ちを落ち着かせるために入る、個室の鑑賞室がある。ここからもガラスごしに映画を見続けることができる。

UDトーク*で鑑賞後に意見交換会も

映画を見終わってから感想を話し合う時間を持つこともある。UDトークをスクリーンにつなぐと、話したことがすぐにスクリーンに映し出されるので、聴覚障害者と視覚障害者が、手話通訳なしで、見た映画の感想をいっしょに話し合うことができる。

＊UDトーク ▶P54

日本語字幕

だれでも映画を楽しめるように、日本映画の上映でも字幕をつけている。昔は、映画はフィルムだったので、字幕をつけるのは手間がかかったけれど、今はデジタルになったので、字幕をつけるのは比較的らくになったそうだ。

視覚障害のお客さんの感想

点字図書館で、音声ガイドつき映画CD「シネマ・デイジー」を借りて、家で見ることもあるけれど、こうして映画館でみんなといっしょに見ることが楽しいです。新しい映画もどんどん上映してほしい。話題になっている新しい映画をすぐに見ることができれば、みんなの会話にも入っていけるから。

❶入口の壁には、この映画館をつくるためにお金を出してくれたり、力を貸してくれたりした人たちの名前を、葉っぱに書いた木が描かれている。
❷ポップコーン製造機。
❸イタリアのタイルを使ったオリジナルの看板。

スタジアム

だれもが見やすく、楽しく観戦できるサッカースタジアム

2015年に完成した、大阪府の市立吹田サッカースタジアムは、Jリーグのチーム、ガンバ大阪のホームスタジアム。サッカー専用スタジアムで、サポーターにとっても車いす使用者にとってもうれしいつくりのスタジアムだよ。

Sクラスのスタジアム

客席には4万人が入る。これは、公益財団法人日本サッカー協会（JFA）の定めるスタジアム基準の最上級のSクラス。Jリーグの試合はもちろん、ワールドカップの準々決勝までの試合ができる基準＊を満たしている。下層フロア、VIPフロア、上層フロアの3層構造になっていて、車いす席は、下層フロアの上のほうにある。

客席からピッチ（グラウンド）までの距離が近い＊。タッチラインまで7m、最前列からピッチまでの高低差が150cmしかなく、選手の声やボールの音も間近で体感でき、臨場感あふれる観戦ができるようになっている。

＊ワールドカップの基準＝準決勝と決勝は、それぞれ、6万人、8万人収容できる必要がある。

＊客席からタッチラインまでの距離＝ほかのサッカー専用スタジアムでは、埼玉スタジアムが約14m、カシマスタジアムが約15m。

エコロジーで楽しめる

全部の席の上に屋根があり、屋上には500kWのソーラーシステムが設置されている。試合のない日は、ほぼソーラー電力でまかなっており、余った電気は売っている。また、雨水をためて、トイレを流す水や、ピッチに水をまくのに使っている。明かりはLED＊照明で、節電できるし、これまでの水銀灯とちがって、点灯や消灯が一瞬でできるので、選手入場のときにパッと照明をつけるなど、ドラマチックな演出もできる。

＊LED ▶P48

車いすでも見る場所を選べる

車いす席は300席（同伴の人をふくむ）ある。これは2016年現在、日本でいちばん多い。しかも、ホームチームのゴール裏をのぞき、すべてのスタンドにあるので、好きな場所を選んで観戦できる。

前の人が立ち上がってもよく見える！

車いすで試合などを観戦する場合に、いちばん問題になるのが「サイトライン」の確保だ。「サイトライン」というのは、観客席の車いすの目線からステージやフィールドなどを結ぶ線のこと。「サイトライン」が確保されれば、席にすわって、試合をしているピッチがしっかりと見えるはず。このスタジアムでは、車いす席の前の席が、2段分下げてつくられている。つまり、前の席の人がゴールの瞬間にワーッと立ち上がったとしても、車いすの高さからピッチが見えなくなることがない。

3 楽しむ　スタジアム

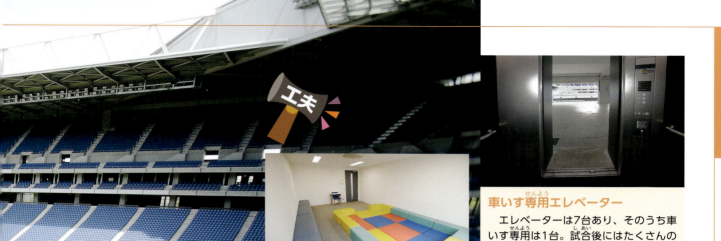

赤ちゃん連れでも楽しめる

家族でサッカーの試合を見に行って、小さい子どもがぐずったり、赤ちゃんが泣き出してしまったとき、席をはなれて、落ちつくことができる部屋が「キッズルーム」だ。ここにはテレビもあるので、試合経過を見のがすことがない。

車いす専用エレベーター

エレベーターは7台あり、そのうち車いす専用は1台。試合後にはたくさんの人で混むけれど、そこはみんなでゆっくり順番に、ゆずりあって帰ろう。

自由に移動できるコンコース

エレベーターで車いす席があるコンコースまで行けば、観戦、トイレ、食べ物やグッズなどの買い物など、すべて同じ平らなフロアでできる。人の手を借りなくても、自由に移動して、試合前から試合後までを過ごすことができる。

授乳室

キッズルームの並びには「授乳室」もあって、個室の中で落ちついて赤ちゃんに授乳することができる。

もっと知識

国際パラリンピック委員会（IPC）は、車いす席を、競技場の全座席に対してオリンピック時に0.75％、パラリンピック時に1〜1.2％つくるように求めている。吹田サッカースタジアムは0.75％で、オリンピックの基準は満たしているよ。

多機能トイレ　P100

ひし形のサッカーボールもようをもとにしたピクトグラム＊が使われている（下の写真）。

トイレに限らず、スタジアム内の表示は、ピクトグラム、数字、アルファベットで表されていて、外国から来た人たちにもわかりやすいようになっている。

＊ピクトグラム　P132・134

市立吹田サッカースタジアム　スタジアム建設担当主任
本間智美さん

　国内外のスタジアムをたくさん見学して、いいところを学びながらつくりあげたスタジアムです。スタジアムに来るいろんな人、みんなが楽しく過ごせることをいちばんに考えました。

　席からピッチがとても近いことには、海外から来た方もおどろきます。こんなに近いと危険なのではと言われることもありますが、サポーターの意識が高いので、そんなことはありません。スタジアムをつくるときは、サポーターも意見を寄せ、寄付金を集めるなどしてくれたので、自分たちもいっしょにつくったスタジアムという気持ちで、みんなが大切に使ってくれています。

取材協力●市立吹田サッカースタジアム

公園の遊具

国営昭和記念公園の「わんぱくゆうぐ」

東京にある国営昭和記念公園の「わんぱくゆうぐ」は、障害があってもなくても、子どもたちがいっしょに遊ぶための工夫がいっぱいの場所。車いすを使う子どもが遊べる遊具もあるよ。

しかけ
もぐったり、のぞいたり、ゆらしたり、動かしたりして遊ぶしかけがあちこちにある。どうやって遊ぶか、いろいろ考えるのも楽しい。

ゆるやかなスロープ
ゆるやかなスロープがたくさんあって、車いすで行ったり来たりして遊べる。

国営昭和記念公園 浅田 増美さん

日本では、「バリアフリー」からさらに「ユニバーサルデザイン」という考え方が広まってきて、いろいろな場面でそれをしているのはいいことだと思います。でも、実は心のかべというのが大きくて、公園に障害のある子どもが来ると、「かわいそうだから」とか、親のほうが気をつかってしまいがちです。「車いすを使っている子が来たからどいてあげなさい」ではなくて、どうやったらいっしょに仲良く遊べるか、だと思います。子どものころからそういうことになじんでいれば、どんな人に対しても自然に接することができるようになるのではないでしょうか?

3 楽しむ　公園の遊具

音も楽しめる
ピアノの鍵盤のようなものもあって、おすと音が出る。ちゃんとドレミの音階になっているから、好きな曲もひけるよ。視覚障害のある子どもも楽しい。

ふわふわドーム
空気でふくらませたドーム。ドームのふちは、こしかけられる高さなので、車いすにすわったまま、無理なく乗り移ることができる。

工夫

ゆらゆらブランコ
少しの力でもゆらせるブランコ。専用の安全ベルトは、売店で貸してくれる。

発見

説明図は触図で
遊具の説明が触図＊になっている。
すべての視覚障害者が、点字を読めるわけではない。点字を読める子どもも多くない。でも、触図だと、だいたいの位置がわかるよ。
＊さわってわかるように、盛り上がった線を使った図。▶P82

工夫

安全な柵
柵は、小さい子どもの頭がはまらない間かくにしてある。また、スロープの先が階段の場合、車いすが落ちないように手すりもかねた柵をつけている。

考えよう！　すべり台で車いすの子どもはどう遊ぶ？
この遊具には、すべり台もついている。でも、車いすを使う子どもがこのすべり台の上まで来て、すべろうとしても、腰を下ろす場所がないので、すべるのが難しい。すべり台にどんな工夫があったらいいかな？　考えてみよう！

考えるヒント
● すべり出しのところが広かったら？
● すべり出しの高さが変えられたら？
● 何か道具を使うとしたら？
● キミが手助けをするとしたら？

取材協力●国営昭和記念公園

探してみよう！「公園のユニバーサルデザイン」▶P92

探してみよう！
公園のユニバーサルデザイン

取材協力●国営昭和記念公園

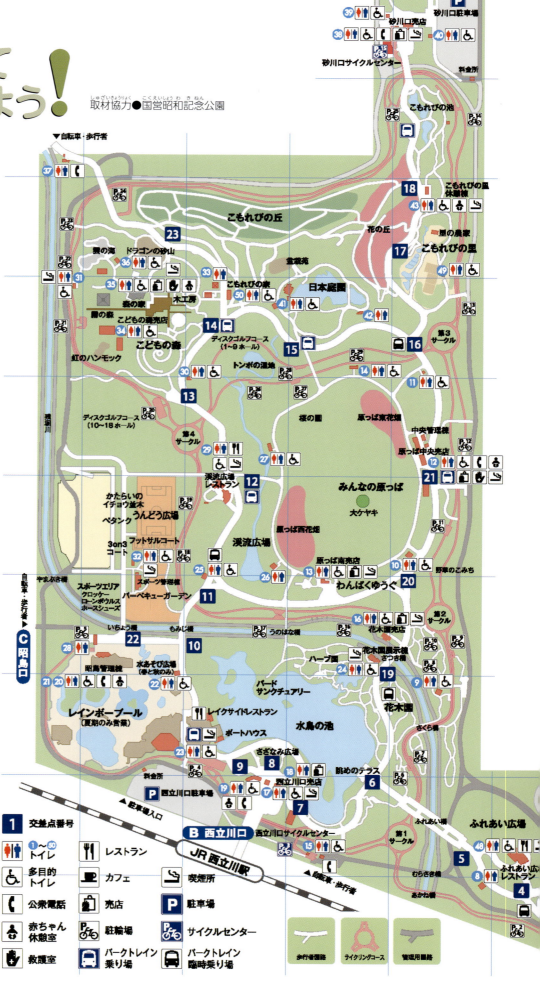

公園は、遊具で遊ぶだけでなく、みんなが自然にふれたり、くつろいだりできる場所だね。
キミがよく出かける公園は、どんな公園？
その公園には、みんなが楽しめるための工夫はあるかな？

地図から探そう！

P92〜93にあるのは、東京の国営昭和記念公園の地図だよ。この地図を見て、ユニバーサルデザインの工夫を探してみよう！

ヒント 左下のマークと説明を見てね。

Q1 車いす使用者も、赤ちゃん連れも、介助が必要な人も、みんなが使うことができる「多目的（多機能）トイレ」は、いくつあるかな？　多機能トイレ　▶P101

Q2 赤ちゃんのおむつを替えたり、ミルクを飲ませる場所はいくつあるかな？ 何という名前かな？

Q3 公衆電話は、いくつあるかな？
公衆電話は、携帯電話やスマートフォンのバッテリーが切れてしまったり、持っていなかったときに便利だよ。　▶P59

Q4 背もたれのあるブランコや車いすを使う子どももいっしょに遊ぶことのできる、遊具がいっぱいの「わんぱくゆうぐ」はどこかな？

Q5 けがをしたり、からだの具合が悪くなったときには、どこに行けばいいかな？

答えは、右下にあるよ。

国営昭和記念公園には、公園内の道路のかたむきがわかる情報や、移動にかかる時間の情報が書かれた案内板がある。ホームページにものっているよ。

キミのよく行く公園はどうかな？

次のことを調べてみよう。「だれもが」「安全に」「楽しく」使えるかどうかがポイントだよ。

- ひと休みできるベンチはあるかな？　☐
- 日よけはあるかな？　☐
- 大人も子どもも車いすを使っている人も使いやすい、手洗い場や水飲み場はあるかな？　☐
- 出入りするとき、困ったことはないかな？　☐
- 車いすで自由にどこまでも入ることができるかな？　☐
- 案内図や看板は、見やすいところにあるかな？　☐
- 案内図や看板は、視覚障害者や聴覚障害者にもわかりやすく工夫しているかな？　☐
- トイレは使いやすいかな？　☐
- 遊具にみんなで遊べる工夫はあるかな？　☐
- 視覚障害者や聴覚障害者、高齢者にも楽しめる場所はあるかな？　☐
- 地震や火事などが起こったとき、みんなに知らせる方法はあるかな？ にげる場所はあるかな？　☐

ほかに気づいたことがあったら足して、みんなで調べて発表しよう。
写真もつけるといいね。

3 楽しむ 探してみよう！

【地図から探そう！の答え】
Q1 3か所ある。
Q2 2か所ある。「赤ちゃん休憩室」というんだね。
Q3 2か所ある。
Q4 上ページの草の中、番号20の左側にある。
Q5 「救護室」にいこう。手に十字の印が入っているマーク（ピクトグラム）だよ。

洋服のタグ

さわって服の色がわかるタグ*「いろポチ」

「いろポチ」は、視覚障害者が、さわって色がわかるような加工をしたタグだ。服や帽子やかばんについていれば、買うときにこのタグをさわって、その商品の色がわかるようになっている。

開発者の佐川先生は、「色彩」「被服」「ユニバーサルデザイン」の専門家。目が見えない友だちに「自分の着る服の色がわかるようになるといいんだけど」と言われたのをきっかけに、このタグを作ることを考えついたそうだ。

＊タグは、「荷札」や「ふせん」などを表す英語。洋服などの商品につけられていて、サイズや品質表示、メーカー名などの情報が入っている。

基本は10色の色相環

佐川先生は、視覚障害者が「色の関係性」をどう理解しているか、2年間かけて調査した。「赤と青はどれくらいはなれていると思うか」といった質問に答えてもらい、基本の10色について集まった答えを分析したら、ほぼ「色相環」のような円形になったという。

「色相環」とは、「色の関係性」を形にしたもの。遠い色は反対色として向かい合わせに、近い色はとなり合わせに、色が時計のように並んでいる。

つまり、生まれつき目が見えない人も、色についての情報や経験を記憶に積み重ねることで、目が見える人とほぼ同じような「色の関係性」を理解していることがわかった。こうして、「色相環」をもとに色の識別タグを作ることになった。

取材協力●佐川賢（日本女子大学）・株式会社フクイ

3 楽しむ 洋服のタグ

円形に10の突起と1つの穴
色相環と同じ円形に、基本の10色のシリコンの突起をつけ、その色に当たる部分には「穴」をあけてある。穴は、さわると自分の指にふれるので、視覚障害者にわかりやすい。

手ざわりもちがう
円の直径は23mm、穴の直径は3mm。タグの生地はつるつるしたサテンテープで、シリコン製の突起と手ざわりのちがいがあってわかりやすい。

タグの上にも色
目が見える人が見ても、すぐわかり、楽しいように、タグの上には色を入れている。
タグを商品に取りつける仕事は目の見える人がやることが多いので、見てすぐにわかるということも大切だ。

頂点にもうひとつ突起
上下がわかるように、頂点にはもうひとつ突起をつけている。

真ん中に3つの突起
真ん中のたてに並んでいる3つの突起は、白、グレー、黒で、それ自体の色を表すこともあるし、青と黒の2つの穴をあけて「紺色」を表すこともできる。
「うすい色」は、穴をあける位置を内側にして表す。

だれでも好きな色の服を着たい
自分が着ているものがどう見えているか気になったり、おしゃれな服や好きな服を着たいと思うことに、目が見える見えないは関係ないはず。だれでも、自分が着たい色の服を、自分で選びたいと思うのは当たり前で、「いろポチ」はそれを助けてくれる。

服に直接写すタイプ
服に直接写すタイプの「いろポチ」もある。こちらは、色の部分は穴でなく突起を大きくしてある。それぞれに色がついていることで、見た目もカラフル。商品に直接転写できるので、いろいろな使い方の可能性が広がりそうだ。

日本女子大学 家政学部
佐川 賢さん

ユニバーサルデザインというのは、目が見えない人のような「対象者」だけのものにしていてはいけないと思います。「色相環」について、講演をするなどして広めていきながら、今後は、どんな衣類にも必ずこれがついているのが当たり前、というふうになればいいなと思っています。

株式会社フクイ
黒田 まゆみさん

佐川先生からお話があり、「いろポチ」を作りました。
商品タグの内容は法律で決められていて、繊維の成分やその量、洗たくの仕方、販売者の名前などをきちんと表示しなければなりません。そのうえで、ブランドのイメージを良くするようなかっこいいタグをめざしてこの仕事をしてきました。
でも、「いろポチ」の製作を通して、タグが、目の見えない人の人生を明るくする道具にもなることを発見できて、とてもうれしくなりました。

さわる腕時計

さわって時間を確認する腕時計「ブラッドリータイムピース」

大学時代、目の見えない友だちに「今、何時？」とよく聞かれていたキム・ヒョンスさんが作った時計。英語で腕時計のことを「見る」を意味する「ウォッチ（Watch）」というが、見るのではなくさわるので「タイムピース（時のかけら）」と名づけた。

ブラッドリータイムピースの誕生

キムさんの友だちは、ボタンをおすと音声で時間を知らせる腕時計を持っていたが、授業中に音を出すことはできないので、いつもとなりの人に時間を聞いていた。

キムさんは、「人類が月に行ってからもう60年も経つのに、視覚障害者のための時計は進化していない」と気づいて、この腕時計を作ろうと決めた。

視覚障害者は点字を使う、という先入観から、初めは点字型腕時計を作ろうとした。しかし、100人の視覚障害者に話を聞いたり、試作品を使ってもらう中で、視覚障害者もデザインやおしゃれを大切にしていること、みんなが点字を読めるわけではないことがわかり、2年をかけて、視覚障害者も目が見える人も同じように使えて、音が出ず、こわれにくく、おしゃれな時計を作った。

だれもが同じように使える

映画館や劇場など時計や携帯電話を見られない場所や、人と話してるときなど時間を確認する動作が失礼な場面でも、時計を見ることなく時間を確認できる。これは、目が見える人も視覚障害者も同じように使えるということ。

おしゃれなデザイン

「障害者向けのデザインはかっこ悪い」という思いこみをやぶるために、障害のあるなし、性別、年齢にかかわらず、どんな服装にも合うような、すべての人が気に入るようなデザインにしたよ。

軽い

（発見）時計部分は「チタン」という、軽くて、水や熱に強い金属でできていて、手ざわりがよく、じょうぶ。

3 楽しむ さわる腕時計

EONE代表 **キム・ヒョンスさん**

タイムピースを作るときにいちばん大変だったのは、視覚障害者の暮らしや文化、考え方を理解することでした。わたしたちは視覚障害者といっしょに授業を受けたり、いっしょに仕事をしていますが、実は、偏見（かたよりのある考え方）や思いこみにまどわされています。

視覚障害者が本当にほしいと思う時計を作るために、視覚障害者と交流し、意見を聞いて、目が見える人もほしいと思える時計をめざしました。

ユニバーサルデザインとは、機能だけでなく感情も共有できるものだと思います。目が見える人がタイムピースで「さわる」という感覚を知り、視覚障害者の暮らしに少しだけ近づくことができます。会社の名前を、Everyone（みんな・だれでも）を略してEONEとしたのも、みんなのためのデザインをつくっていきたいからです。

工夫「時」は外側のボール
文字盤の外側についているボールで「時間」を確認する。

工夫 外れないボール
ボールは磁石でついていて、さわった時にボールが動いても外れたりせず、すぐに正しい位置にもどる。

工夫「分」は内側のボール
文字盤の内側の円の中にあるボールが「分」を表している。
この写真の時計は、4時5分になっている。

EONE ブラッドリータイムピース

取材協力●EONE

工夫 交換できるベルト
ベルトの部分はスチール製や布製、皮製のものに交換できる。

もっと知識 「ブラッドリー」とは
アフガニスタンで爆弾処理の仕事をしているときに、事故で失明し、その後、2012年のロンドン・パラリンピックの水泳で金メダル2つと銀メダル1つをとった、ブラッドリー・スナイダーさんにちなんで名づけられた。

右がブラッドリー・スナイダーさん。

レストラン

ファミリーレストランのメニュー

家族みんなで気軽に食事が楽しめるファミリーレストランには、赤ちゃんから高齢者まで、さまざまなお客さんがやってくる。どんな工夫でお客さんをもてなしているのだろう。どんなメニューがあるのかな。

取材協力●株式会社アレフ・びっくりドンキー立川砂川店

点字メニュー
視覚障害者のための点字メニューはひらがなが多く、大きな文字で書いてあるので、小さな子どもも読むことができる。

外国語メニュー
海外からのお客さんのために、英語、韓国語、中国語が書いてある。

◆ ハンバーグの大きさ見本 ◆

工夫 下のラインは、当店自慢のハンバーグの大きさを表しております。150グラム、300グラムがあり、お好きな大きさが選べます。

発見 ハンバーグの大きさがわかる触図も！
触図 ▶ P82

点字を読んでみよう。
▶ P62

3 楽しむ レストラン

入口も店内もユニバーサルデザイン　発見

外には車いす用の広い駐車場があり、店の入口はなだらかなスロープ、自動ドアの入口を入ると、店内は段差がなく、トイレも多機能トイレ。高齢者にも、車いすやベビーカー使用者にも、みんなに便利だね。

もっと知識　アレルギーのある人のための料理を開発！

アレルギーを起こす原因で多いのは、乳製品・小麦・卵。この３つは、ハンバーグを作るのに、欠かせない材料だ。でも、みんなでレストランに来たのに、アレルギーがあるからと、ひとりだけハンバーグを食べられないのは、つらいよね。

そこで、ハンバーグレストラン「びっくりドンキー」では、２年以上かけて「乳・小麦・卵を使わないハンバーグ」を開発した。試作回数は100回以上。ソースにも小麦を使わず、原料が混ざらないように、ほかのハンバーグとは別の専門工場で作るそうだ。

2017年4月から、全国の「びっくりドンキー」で食べられる。

通常メニュー

写真がたくさんあって、どんな料理なのか、ひと目でわかる。文字が読めなくても、ほしい料理を指で示して注文できる。

びっくりドンキー事業部
下村 秀一さん

レストランには、さまざまなお客様がいらっしゃいますが、どんな方にもおいしく食事を楽しんでいただきたいと思っています。

そのためには、「思いやりの心」を持ってお客様に接すること。すると、何が不便か、どんなことに困っているかに気づくはずです。そうして気づいたことは、できる限り直していきます。レストランもどんどん進化しているんですよ。

アレルギー一覧表

メニューの料理の中にどんな成分が入っているのかがわかる表がある。アレルギーのある人にも、宗教上食べられない食材がある人にも、親切だね。

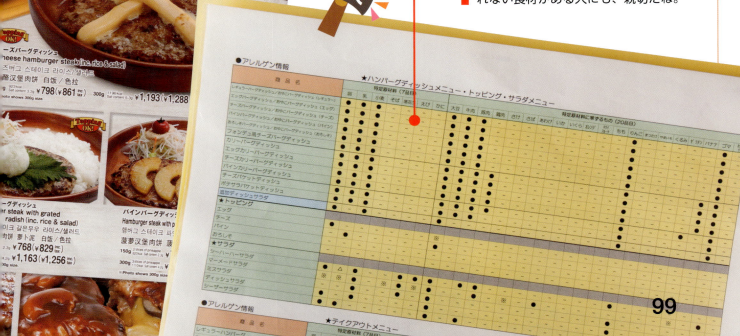

工夫

99

すっきりデザイン 発見
必要な器具を取りつけるかべの部分の高さを、床から75cmに統一してあり、せまい空間でもすっきりとして、きれいなデザインになっている。

配管はかくしてある
使う部分以外の器具や配管は、腰壁や鏡の裏にかくしてある。だから、使うときもじゃまにならず、あやまってさわって故障の原因になることがない。

腰壁の色は選べる
腰壁は、黒と白の2種類がある。黒にすると、白い器具との明るさ（輝度）のちがいがはっきりして、ロービジョン＊の人でも、器具の場所がわかりやすいよ。

＊病気やけがなどのために十分な視力が出ない、視野がせまくなるなどの状態を「ロービジョン」と呼ぶ。視覚障害のひとつ。

腰壁の使い方はいろいろ
腰壁＊は、奥行きが20〜25cmあるので、荷物を置くことができる。手をつくときの支えにもなる。また、便座の上でからだをななめにできるので、車いす使用者がズボンを上げたり下げたりする動作がらくになる。操作ボタンの取りつけ位置を腰壁の上にそろえているので、手が不自由な人も使いやすい。

＊壁の下のほうにあり、ちがう材質でできている所。

車いすもらくらく 発見
床から30cmは腰壁がないので、足元に空間があり、車いす使用者も使いやすい。

そうじをしやすい
便器や手洗い、汚物流しなどの器具は、床からうかせてあるので、床のそうじがしやすい。

便器の形
便器の前の部分は、車いすの方向が変えやすい角度になっている。

背もたれ
上半身をしっかり支え、動くときに上体をかたむけやすいように考えられた背もたれ。

可動式手すり 工夫
この手すりは、使う人が使うときだけ下ろせる「はね上げ式」だ。

取材協力●TOTO株式会社

公共トイレ

3 楽しむ　公共トイレ

みんなが使える多機能トイレ

「だれでもトイレ」「みんなのトイレ」「多目的トイレ」と、呼び方はいろいろだけど、年齢や性別に関係なく、車いす使用者、オストメイト*、赤ちゃんを連れている人、おなかに赤ちゃんのいる女性や外国の人など、だれもが気持ちよく使えるのが、多機能トイレだ。小さな空間に、いろいろな器具をすっきりまとめる工夫をしたトイレがあるよ。

使いやすい汚物流し

オストメイトがおなかを見ながら洗えるように、大きな鏡があり、お湯の出るシャワーは引き出して使うことができる。水栓やホースなどは流しの中におさまり、石けんや鏡が見やすい。また、ひざを曲げて使えるように、手前に向かって低くしてある。

RESTROOM ITEM 01

もっと知識　*オストメイト

病気や事故が原因で、内臓に障害があり、手術で人工こうもんや人工ぼうこうの「排せつ口」をつけた人のことを「オストメイト」という。
オストメイトは、便や尿をためておく袋（パウチ）をおなかにつけている。たまった便や尿は一定時間ごとに便器や汚物流しに捨て、パウチやおなかを洗う必要がある。

公共トイレのJIS規格*

外出先のトイレは初めて使うという人が多い。だから、公共トイレは、「流し方がわからない」「流すボタンとまちがえて呼び出しボタンをおしてしまった」という問題が起きやすい。
そこで、公共トイレにおける腰かけ便器の、便器洗浄ボタン、非常呼び出しボタン、トイレットペーパーの紙巻き器の取りつけ位置について決めた「公共トイレ操作系JIS」ができた。ほかにも、洗浄ボタンの形は丸く、呼び出しボタンは丸ではない形（四角形や三角形）と決められている。
トイレを設置する施設が、この決まりに従って、ボタンや紙巻き器を取りつければ、どのトイレも同じ位置にボタンがあって、視覚障害者や高齢者も迷わないですむね。
*JIS規格（日本工業規格）は、日本の工業製品について統一する決まり。

TOTO株式会社
長谷 寛さん・島野 晃輔さん

この「RESTROOM ITEM 01」は、通常の商品開発の4倍、4年の月日をかけて完成させました。
多機能トイレは、2000平方メートル以上の建物には必ず備えるように法律で決められていますが、将来的には、大きな建物だけでなく、一般にも普及させたいと思っています。ただ、使いやすく、居ごこちがよいので、食事や休けいなどまちがった使い方をする人も出てきてしまいました。そのため、多機能トイレしか使えない人が、使いたいときに使えなくなるのは、困ったことです。
今後は、トイレの機能分散*も必要だと思います。新しい技術を取り入れて、機能を充実していきたいと思っています。
*多機能トイレの利用者の集中をさけるため、一般的なトイレに新しい機能を足したさまざまなトイレをつくり、使う人を分散していこうという考え方。

101

考えよう！

スポーツをするときも、みんなでゲームをするときも、ちょっとした工夫で、だれもが参加できて、みんなで楽しむことができるよ。どんな工夫をすればいいのか、いろいろ考えてみよう！

パラリンピック*の競技にプラス！自分たちでできる工夫を考えてみよう

＊パラリンピックは、身体障害者の国際スポーツ大会。4年に一度オリンピックの開催地で行われる。

パラリンピックで行われる競技は、身体障害者が公平に参加できるように、たくさんの工夫がこらしてある。

その競技を自分たちで工夫すれば、みんなで遊ぶことができるはずだよ。たとえば、「シッティングバレーボール」を考えてみよう。

シッティングバレーボール

シッティングバレーボールは、床にお尻をついて、座った姿勢でプレーする6人制のバレーボール。コートも一般のバレーボールコートよりせまく、ネットも低い。レシーブのとき以外は、上体のどこかを床につけていなくてはいけない。

ボールを風船に替えれば、もっとかんたんにみんなで遊べるね。ネットを取りのぞいて、線をかいて、自分たちでルールを作っても遊ぶこともできるよ。

みんなでトランプを楽しむには？

トランプを使ったゲームでも、ひと工夫すれば、障害のある人もない人もいっしょに楽しむことができるはずだよ。どんなことができるか、考えてみよう。

手が不自由な友だちがいたら
● 手が不自由で、片手でカードを持つのが難しい友だちがいたら、カードを立てるものを用意しておく。

視覚障害でロービジョン*の友だちがいたら
● 大きなカードにして、文字とマークを大きく、わかりやすくする。
● ゲームの途中は、声を出してカードを読む（カードを読む役を決めておいてもよい）。
● さわればわかるように、カードに数字やマークの穴を針などで開けておく（点字 ▶P62 が読める友だちがいたら、点字で数字を書いてもよい）。

など、工夫しよう。

＊ロービジョン ▶P12

聴覚障害のある友だちがいたら
● 説明や注意することなどを書いたカードをあらかじめ作っておく。
● 声を出さなくてもよいルールを考えよう。

障害のある友だちの意見をしっかり聞きながら、みんなで相談して、工夫していこう。

4
暮らす

毎日、「いやだな」とか、「いらいらする」とか、
「ああ、大変だ！」なんて感じていたら、人生、つまらない。
ちょっとした工夫で、そんな不便がなくなるかも。
毎日を不便を感じないで暮らす工夫を探してみたよ。

ステープラー

少ない力でたくさんの紙をとじられるステープラー*

ステープラー (Stapler) は、紙を何枚もいっしょにとじるための道具。力が弱い高齢者や子ども、ケガをした人でもかんたんにとじられるのが、「パワーラッチキス」だ。

*「ホッチキス」と呼ばれるのは、明治時代に初めて輸入したステープラーが、アメリカの「ホッチキス社」の製品だったから。

ステープラーの歴史

ステープラーが生まれたのは、1870年のアメリカ。会社で働く人たちのために、書類をとじる機械をつくろうと考え出したもの。

最初のステープラーは、針をひとつずつつけていた。その後、何本かの針を入れるタイプがつくられるようになった。

長い間、鉄製でじょうぶなものが使われていたが、とても重く、運ぶのにも使うのにも力が必要だった。

この「ラッチキス」は、2001年に最初のモデルを発売、改良を重ね、2013年に今のモデルが誕生した。

へこみ
ここに親指、下のへこみには人さし指や中指などをそえてにぎる。

発見 針を入れやすい
カバーを大きく開けると、針を入れる場所(マガジン)がすぐに現れて、かんたんに針を入れられる。

工夫 平らにとじられる
このみぞ(クリンチャー)に針がおしつけられると、針の先が両側から内側に曲がり、紙をとじるしくみ。

針のとじた部分が平らになるようにしてあり(フラットとじ)、とじた紙を何たばか重ねても厚みはそんなに出ない。

今までのとじ方　フラットとじ

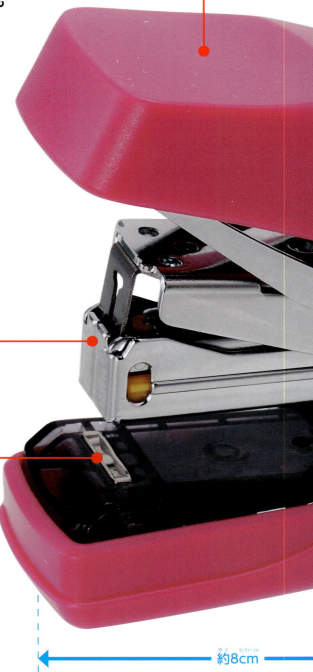

約8cm

4 暮らす　ステープラー

工夫

にぎりやすい
手の中にすっぽりと入ってしまう大きさ（約8cm）。カバーの上下には、へこみがあるので、視覚障害者も使いやすく、右手でも左手でも使うことができる。

軽い
重さは約100g。力の弱い子どもや高齢者にも持てる重さだ。持ち運びもらくだし、片手でかんたんに使うことができる。

発見

軽くとじられる
32枚までまとめて紙をとじられるのに、力がほとんどいらない。これは、「てこの原理」を使っているからだよ。「てこの原理」とは、支点から力点までの距離を長くするほど、そして、支点と作用点を近づけるほど、作用点でのものを動かす力は小さくてすむ、という原理だ。

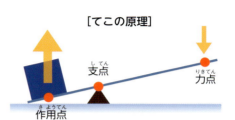

[てこの原理]

以前のステープラーは、回転の軸になる「支点」から、針がとじられる「作用点」までの距離が遠く、多くの力が必要だった。このステープラーは、てこになる部品をひとつ増やすことで「支点」から「作用点」までの距離を近くし、にぎったときの力が小さくても、大きな力となって針がとじられるようになっている。

コクヨ「パワーラッチキス」

もっと知識　これからのステープラー

ステープラーの針は、ほとんどが金属でできている。だからこそ、たくさんの紙をしっかりとじられるのだけれど、金属なので、とじた紙をすてるときに分別に手間がかかる、という意見もある。

そのため、コクヨ株式会社では「針なしステープラー〈ハリナックス〉」という商品もつくっている。紙自体に穴を開けてひっかける部分をつくり、とじるという方法だ。これなら、ごみも出ない。

針ありと針なしのステープラー、それぞれいいところがあるので、使う人によって好みの方法を選ぶことができる。

取材協力●コクヨ株式会社

食品ラップ

細長い箱に工夫がいっぱい！

食べ残した食品を保存するとき、電子レンジで温めるときなどに使う家庭用ラップフィルム。最新の「NEWクレラップ」のさまざまな工夫を見てみよう。

優れた素材

ラップフィルムは無色透明で、酸素や水蒸気を通しにくい合成樹脂＊。食品の乾そうを防ぎ、新鮮さを保つ。

＊ポリ塩化ビニリデンを使用。

引き出しシール

新品のラップフィルムの始まり部分についているシールをはがしたら、この場所にはっておく。もしラップフィルムが中に巻きこまれて、始まりがわからなくなってしまったときに、このシールで、ラップフィルムの「端」を探すことができる。

工夫　きちんとキレ窓

窓に女の子の顔がしっかり見えていることで、きちんとふたが閉まっていることが確認できる。

工夫　しっかりつかめる

箱の一部の角がへこんでいて、箱をしっかりつかむことができる。ほかの部分の角もとれているので、持っても痛くない。

ラップフィルムをきれいに切るためには、「きちんとふたをしめてしっかり箱を持つ」ことが大切。持ってみると、角がないことで、箱をしっかり持てることに気づく。

工夫　UD書体と色

パッケージに使われている文字UD書体＊は、色は色弱者＊にわかりやすい色を使っている。また、使用上の注意などの説明書きは、なるべく文字を少なく、ぱっと見てわかりやすいように整理してある。

＊UD書体　 P72
＊特定の色の区別がつきにくい人。色彩コミュニケーションの弱者という意味。 P48

🌏 ラップフィルムの歴史

家庭用ラップフィルムは、日本では1960年に誕生した。もとはアメリカやヨーロッパで、砲弾を船で運ぶとき、さびたりしめったりしないよう包んでいたフィルム。ちなみに当時の日本では、その役割には「油紙」(紙の表面に油をひいて乾燥させたもの)を使っていた。砲弾を包んでいたフィルムが、食品を包むと鮮度が保たれるものでもあるとわかり、平和な時代のキッチン用具になった。紙筒に巻かれたフィルムが細長い箱に入り、箱の端についた「刃」で切って使うという形は、1960年の発売当時から変わらないが、より使いやすいよう工夫が加えられている。

発見

かんたんに解体できる
箱の内側には切れこみがあって、全部使い終わったあと、かんたんに箱を解体してゴミに出すことができる。

ラップキャッチ
ふたがかぶる箱の側に、少し飛び出した羽根（「つまめるフラップ」）が2枚ついている。これは、切ったあとのラップフィルムが少しうき、次に取り出すときに取り出しやすくするため。また、ここに、ラップフィルムが軽くくっつくので、切り終わったラップフィルムが中に巻きこまれにくい。

飛び出さない
ラップフィルムを出すとき、筒ごと箱から飛び出さないように、ストッパーの役目をする三角の紙が内側の角についている。

浮きぼりの理由
箱の表面にはあちこちに「浮きぼり」（エンボス加工）があり、それぞれに理由がある。
- 箱の側面にある「W」マークは、視覚障害者がさわってわかるように、英語の頭文字（ラップ＝Wrap）。
- 開け口のエンボス加工は、つまみやすくするため。
- 箱の上部の端のエンボス加工は、棚などの高い所から取るときにすべりにくいように。
- 箱の真ん中と底のエンボス加工は、手でしっかりつかめるように。
- 「ここを押さえて！」の所は、しっかりと指でおさえられるように。

工夫

安全な刃
ギザギザの刃は、飛び出ない位置に、素材は植物（トウモロコシ）生まれのプラスチックの刃にしてある。ゆるやかな角度のV字の刃は、真ん中と端を深いギザギザにすることで切れ味が良くなっている。取り外すときも、スッとかんたんにはがせる。

カチッと閉まる「カチットロック」
箱の中の両側に小さなベロが外向きに出ていて、ふたを閉めると、ふた側のすきまにベロが入り「カチッ」とした手ごたえを感じられる。これで、ふたをきちんと閉められているかどうかがわかる。

ふたの両端はカーブ
もし、端から切っても、ラップフィルムが中に巻きこまれず、最初の刃がきちんとラップフィルムにささるようにしてある。

取材協力●株式会社クレハ

株式会社クレハ　塙 利晴さん
「いちばんうれしいラップになろう」というのが、わが社の標語です。使う人みんなにとって、いちばんうれしいラップ。それをめざしています。

4 暮らす　食品ラップ

ハンドソープ

あわで出てくるハンドソープ

キミは、1日に何回手を洗う？ ご飯やおやつを食べる前、外から帰ってきたとき、何度も手を洗っているよね。この「あわで出てくるハンドソープ」は、子どもが手を洗うのが楽しくなる工夫があるよ。

あわがぽこっと出て、楽しい！

あわ立てなくても、あわが「ぽこっ」と、マシュマロのように出てくる。あわを出すためにポンプと中の洗じょう液を工夫したため、子どもや高齢者の弱い力でも軽くおせば、きちんとあわができる。

あわは効果的

あわのほうが液体よりも、手全体に広げやすく、指の間やしわに入りこんだよごれに洗じょう成分がいきわたる。それに、あわが立っていると、「洗えている」という感じがするし、見た目にもあわがどこについているか目印になるから、だれでも手洗いがちゃんとできているかがわかるね。

石けんの歴史

紀元前3000年代のシュメール（現在のイラク）のねんど板に、薬としての石けんの作り方がくさび形文字で書かれている。羊を焼いて神にささげていた古代ローマでは、したたり落ちた羊の脂と灰が、川底の土に積もり、自然に石けんらしきものができたといわれている。この「不思議な土」は、よごれをよく落とし、洗たく物が白く仕上がるとして大事にされたそうだ。

日本には、戦国時代末期、ポルトガル人によってもたらされた。しかし、手にすることのできたのは将軍や大名などの限られた人たちだけだった。一般の人が石けんを使うようになったのは、明治時代の終わりごろからだ。

もっと知識

新型インフルエンザが流行した2009年以来、手洗いは、「目に見えるよごれを落とす」目的に加えて、「病気の予防にも必要」という考えも広まってきた。かぜやインフルエンザなどの感染する病気は、手からうつるものが多い。手には目に見えない細菌やウイルスがついているので、洗じょう液を使って15秒以上の時間をかけてしっかり洗う。それによって、感染する病気になりにくくなる。いっしょにうがいをすると、もっとよい。

取材協力●花王株式会社

おしやすい「ポンプヘッド」

おすところが広く、丸いくぼみがあって、おしやすい。どんなおし方をしても、どの方向からおしても、くぼみにおさまるように丸くなっている。

あわが横に飛び出さない

あわが出るところは、手であわを受けやすいようにちょっと下を向いている。小さい子どもが目の高さで使っても、あわがまっすぐ飛び出して目に入ることがない。

花王株式会社
木村 秀雄さん

実際に子どもたちや家族がどのように使っているのか、よく観察、調査して、どんな人でも安全で使いやすく、楽しく手洗いができるように改良してきました。

最近、手を洗う回数が増えたのは良いことですが、手が荒れる原因にもなるので、衛生を守るという目的はそのままに、はだへの影響をなるべくおさえる洗じょう成分の工夫もしています。

手洗いを習慣にしてもらうために、小学校低学年の子どもたちやアジアの子どもたちにも、「手洗い講座」を行っています。楽しく手を洗うことで、病気の予防につながる活動を広げていきたいと思っています。

点字シール

この会社では、視覚障害者のために38種類の点字シールを用意していて、希望者に無料で配っている。区別のつきにくい容器や取りあつかいに注意しなければならないものに、このシールをはれば安全だ。 ▶P65

残りの量がわかる

この透明な部分から、洗じょう液があとどれくらい残っているかわかる。

転ばない・落とさない

洗面台のへりなど、不安定な場所で使う人もいるので、容器の高さを低くし、底の面積を広く、どっしりした形にした。

4 暮らす　ハンドソープ

食品容器

工夫がつまった小さな容器「わさびチューブ」

キミの家の冷蔵庫の中には、いろいろな食品がさまざまな容器に入っているよね。たとえば、2015年に開発された、このわさびチューブ。どんな工夫があるのかな？

回しやすいキャップ 【工夫】

キャップは、重さをできるだけ軽くして、八角形にしてある。これで、力の弱い高齢者や子どもでも指先で持ちやすく、回しやすいようになった。

つまみやすい内ぶた 【工夫】

これまでの内ぶたは、つまみが小さくてつまみにくく、はがすのにも力が必要だった。それを、つまむ部分を2つにし、面積を大きくし、材質も固いアルミはくから、やわらかいペットフィルムに変えている。

チューブに接着している部分も、今までの半分ぐらいの力ではがせるようにしたそうだ。

ワンアクションで開閉 【工夫】

キャップのねじは、70度回すだけで開閉できるようになっているので、持ちかえる必要がない。たった一度の動作（ワンアクション）で、開けることができるのだ。

また、ねじ山部分の最後に小さな「でっぱり」があるので、そこを「カチッ」と「乗りこえる」ことで、「閉め切った」ことがわかるようになっている。

最後まで中身を出せる

今までのチューブは、「折りたたみ式」で中身をしぼるようにしていたが、使う人を観察したら、折りたたまずにつぶしている人が多かった。そのため、最初からつぶしやすいように、チューブの肩の部分を「なで肩」にしている。

素材も、やわらかいソフトチューブになっている。

 【工夫】

左が以前のチューブ、右がこのチューブ。

容器ができるまで

ハウス食品グループ本社株式会社 中央研究所 容器包装開発部
齋藤 等さん

まず、使う人の「こうしてほしい」「ここが使いにくい」という意見をよく聞き、使っているようすもよく観察して、容器として改良した方がいい点をまとめます。そこに、「環境への配慮」「使って楽しいこと」「会社として伝えたい思い」なども加えながら、容器のデザインを考えていきます。

具体的には、容量を計算し、だいたいの形を決めてから、CADという設計図を作るコンピューターで、アイデアを形にします。出てきた形の中からいくつか選んで、3Dプリンターで立体にし、試作品を作ってみます。

この試作品からさらに選んで、CAEというコンピューターを使って、さまざまな実験をします。たとえば、チューブをつぶして中身をしぼり出すにはどのくらいの力が必要かなどの実験です。

こうして、数か月かけて容器を作り、それをまた実際に使ってもらって評価をいただき、販売に向けて製品化していきます。

2015年に発売されたわさびチューブ。

おいしそうな写真も 発見

チューブの色も明るくして、さしみの写真を加えることで、「楽しさ」「おいしさ」「はなやかな感じ」を、食卓に提供できるようにしている。

取材協力●ハウス食品グループ本社株式会社

情報提供 発見

今までは、外箱にさまざまな情報を印刷していたが、箱をすぐにすててしまう人が多かったので、チューブ本体に情報を印刷するようになった。

QRコードも印刷し、会社のホームページにのっているスパイスを使った料理のレシピが検索できるようになった。

QRコード

考えよう!
「どんな容器がユニバーサルデザインかな?」▶P112

4 暮らす 食品容器

試してみよう！ どんな容器がユニバーサルデザインかな？

ユニバーサルデザインの7つの原則＊を参考にして、身近にある容器を調べてみよう。

まず、よく観察すること。そして、実際に試して自分で確かめることが大切だ。自分ひとりだけではなく、できればたくさんの人に試してもらうともっとよい。

＊ユニバーサルデザインの7つの原則　▶P8

❓ 何のパッケージかわかるかな？

そのパッケージに書いてある文字は、読みやすいかな？　ひと目でわかるかな？　色は見やすい？　色弱者＊にも読めるかな？　視覚障害者のための工夫はあるかな？　よく観察しよう。

＊特定の色の区別がつきにくい人。色彩コミュニケーションの弱者という意味。　▶P48

観察しよう！　たとえば、薬の入っている箱を家で探して、調べてみよう。その薬の名前は？　何の薬かわかるかな？　小さな字でいろいろ書いてあるけれど、何が書いてあるのか、読めるかな？　使い方はわかりやすいかな？　注意しなければいけないことが、はっきり書かれているかな？

薬は、まちがって飲んだりぬったりしては、とても危険なので、名前や使い方、注意することがはっきり、だれにでもわかりやすく書かれていることが大切だね。

視覚障害者のための工夫「点字シール」など　▶P65・P98

❓ 持ちやすいかな？

その容器は、持ちやすいかな？　重くないかな？　力の弱い高齢者や小さな子どもにも持てるかな？　持ったときに、すべって落としてしまわないかな？

試してみよう！　実際に、箱を持ってみよう。片手でうまく持てるかな？

片手で持つには、手のひらの幅よりせまくて指が曲げられる大きさでないと持てない。そして、少し引っかかるところがあったほうが持ちやすいね。また、小さすぎてもうまく持てないよ。

持ちやすい工夫「食品ラップ」　▶P106

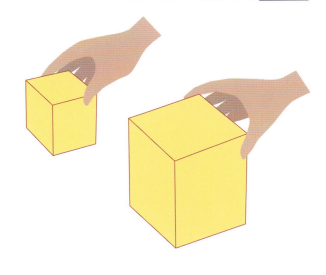

開けやすいかな？

その容器は、だれでもかんたんに開けることができるかな？ どこから開ければいいのか、すぐにわかるかな？

① まず、素手で容器を開けてみよう。

② 次に軍手をはめて、容器を開けてみよう。細かい動作が難しい人は、ふたの部分をしっかりにぎれないことがあるよ。うまく開けられたら、軍手をもう1枚足して、試してみよう。

③ 今度は、両手に石けんをつけて、びんやペットボトルのふたを開けてみよう。
すべって力が入れにくいね。手の力が弱いと、ふたが開けにくいんだね。

開けやすいふたの工夫　▶P110

④ 最後に、片手だけでも開けられるか、試してみよう。ほとんどのものが、両手を使うことを考えて作られていることがわかるよ。

 ## 安全かな？

考えよう！ その容器は、開けるときや持っているときに、けがややけどをしないように考えられているかな？ 炭酸水は「開ける前にふってはいけない」などの注意書きがあるかな？

UD どんな工夫があったらいいかな？

観察と実験が終わったら、それぞれ、どんなことに困ったか、書き出して表にしてみよう。そして、だれにでもわかりやすく、使いやすい容器にするためには、どんな工夫があったらいいのか、考えよう。
みんなで意見を出し合ったら、ステキなアイデアが出てくるかもしれないね。

物を買うときに、チェックしよう ✓

① 見やすく、わかりやすい？ ☐
② 開けやすく、取り出しやすい？ ☐
③ いろいろな人のことを考えてあるかな？ ☐
④ 使い方はわかりやすい？ ☐
⑤ 環境にやさしい？ ☐

4 暮らす　試してみよう！

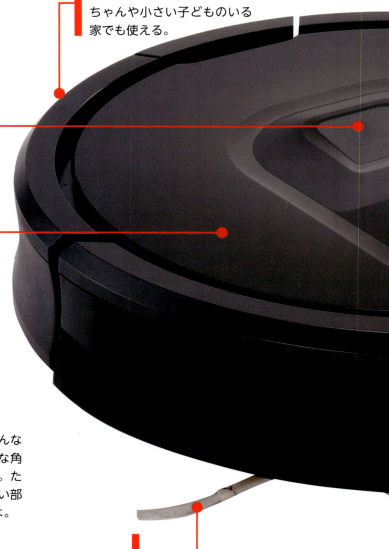

家全体を考えて動く

カメラとセンサーで、家全体を感知して、くまなくそうじするのが、ルンバ。

かべや家具を感知するとスピードをゆるめ、ぶつかる時のショックをやわらげる。また、そうじ機のまわりは、やわらかい素材になっているので、かべや家具に傷をつけない。

そして、充電が切れそうになると、自動で充電台にもどる。

排気がきれい

排気が少なく、空気をきれいに保つことができる。赤ちゃんや小さい子どものいる家でも使える。

変わらない形と大きさ

ルンバは、初めて売り出された2002年から、丸い形と大きさが、ほとんど変わっていない。

丸い形だと、部屋のすみなどあらゆる場所で方向転換してそうじができる。それに四角よりも丸い形のほうがダストボックスの容量を大きくでき、たくさんのごみをためられる。

一般的ないすの脚の間を通るために、直径は約35cm。ソファや家具の下、台所の流し台などの下にある少しへこんだ部分などもそうじできるように、厚みは約9.2cmだ。

どんな床でもOK！

カーペットや板、たたみなど、どんな床材でも、その床材に合わせて適度な角度でそうじするように設計してある。たたみのへりなど、ごみがたまりやすい部分は自動的に吸引力が上がるそうだよ。

角はブラシで

このブラシが部屋の角のごみをかき出し、裏にある2本のローラーがごみをかきこむ。

ロボットそうじ機

ボタンをおすだけで、家中がきれいに

ロボットそうじ機「ルンバ」は、ごみのある場所にきちんと行くロボットの技術と、ごみを吸い取るそうじ機の性能を組み合わせたもの。いそがしくて時間のない人、視覚障害者、身体障害者、そうじがおっくうな人でも、ボタンをおすだけで家中の床をきれいにしてくれるよ。

4 暮らす　ロボットそうじ機

Roomba® 980

小さい段差は乗りこえる
カーペットや敷居など、2cmくらいまでの低い段差は乗りこえるが、玄関など高い段差はセンサーで感知して、落下しないようになっている。

また、段差のない玄関などルンバに進入してほしくない場所に「バーチャルウォール」を置くと、赤外線の見えないかべができて、進入を防いでくれる。

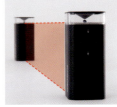

バーチャルウォール

取っ手がある　発見
片手で持ち上げて運びやすいように、安定して持てる場所に取っ手がついている。日本向けに作られたのが、きっかけだ。

動いているときに取っ手を持ち上げると、自動で止まるよ。

さわるだけでわかる！
そうじを始めるときにおすボタンは、でこぼこしていて、裏面にあるダストボックスは親指をかけるところがへこんでいる。国や文化がちがっても、視覚障害者も、さわるだけで使い方がわかるようになっているのだ。

エラーを知らせてくれる　発見
「充電してください」「脱輪しています」など、エラーが起きたときには音声で知らせてくれる。言葉は16か国語あって、使う人が設定できる。

色分けしているので、まちがえない
ごみを吸い取るところのローラーは、かみの毛などがからまないようにゴムでできていて、黒とグレーに色分けされている。ローラーを外して設置し直す場合も、色分けされていて、左右で突起の形がちがうのでまちがえることがない。また、全体的に黒色だが、部品交換や分解できるところは黄色にして目立たせている。

裏側

ローラーを取り外したところ

もっと知識　地雷探査ロボットが始まり
ルンバのルーツは、地雷を探し出すロボットにある。

地雷とは、地中や地面に置かれて、人がふんだりさわったりすると爆発する兵器だ。安く作ることができるので、戦争や紛争のときにたくさん使われてきた。地雷がまかれた地域では、一般市民が傷つき、子どもの遊び場がうばわれたり、畑で作物を栽培できなくなったりしている。

地雷を取り除くために活動する人や犬（地雷探査犬）の犠牲を減らすため、地雷探査ロボットが開発された。どこに地雷がうまっているのかわからない広い地雷原の中から地雷を探し出す地雷探査ロボットの工夫が、家の中で効率よく、くまなくごみを見つけるために生かされている。

取材協力●セールス・オンデマンド株式会社

会話するロボット

人工知能（AI）をもつ人型会話ロボット、パルロ

会話するロボット「パルロ」は、高齢者施設や介護施設などで、いっしょに体操をしたり、おしゃべりをしたりと、大活やくしているよ。

発見

表情や表現がとても豊か
パルロは、うでや首を動かしたり、顔にあるLED＊を点灯させたりして、さまざまな気持ちを全身で表現する。しょんぼりすることはあるけど、怒ることはないそうだよ。

＊LEDは、光を発する電子部品で、消費電力が少なく、熱を持たないのが特長。日本語で「発光ダイオード」。 ▶P48

いろいろな動きができる
ゲームや体操、クイズ、歌など、さまざまなことができる。歩いたり、しゃがんだり、うでを回したり、複雑な動きができるのは、「アクチュエータ」という駆動装置が入っているからだそうだ。

工夫

安全のために
人の指などを巻きこまないように、パルロにはすきまがない。また、使う人がコードに引っかかって転んだりしないように、電源コードはマグネット式で、すぐに外れるようになっている。パルロ自身の安全のためには、背中に頭を守るバンパーがついているよ。

富士ソフト株式会社 プロダクト・サービス事業本部
PALRO事業部長
武居 伸一さん

パルロは2012年から、高齢者施設や介護施設のほか、一般の企業やお店などで使ってもらっています。パルロを中心にしてまわりの人たち同士の交流が広がる、認知症の予防効果が期待できるなど、高齢化社会の中でパルロの活やくの場が広がっています。

これからは、もっと自然な会話ができるよう、パルロのAIを強化していきます。また、活やくの場が家庭にも広がり、単なる機械ではなくて、ひとり暮らしの高齢者をやさしく見守るロボットをめざしています。

4 暮らす　会話するロボット

頭にタッチセンサー
なでることで、パルロのおしゃべりを止められる。会話をしていない時になでると、顔にハートマークを出して喜ぶよ。

記憶力ばつぐん　【発見】
パルロは、友だちとの会話を覚えている。年齢や性別、誕生日、趣味、好みなど、その人の情報、その人との会話の内容を、パルロ自身が持つデータベースにためている。この情報をもとに、その人と何を話すか、その人が興味を持ちそうな話題は何かを考えて、話すのだ。

いつ話しかけられても反応できる
口のあたりに内蔵されているカメラと、頭の部分にある4つのマイクと超音波センサー（耳のあたり）で、いつもまわりの状況をしっかり理解している。だから、いつ話しかけられても反応できる。そして、話しかけている人の正面を向く。人がいなくなると、話を止める。

「足慣らし体操を始めます。」

PALRO（パルロ）
身長 約40cm　体重 約1.8kg

友だちになる　しばらく会話を続けると、パルロが自己紹介を始め、「友だちになってもいいですか」と聞いてくる。「いいよ」と答えると、パルロと友だちになれる。

設定がかんたん！　「ちょっと静かにして」と言うと、静かに待つ。パルロに直接声で伝えれば、いろいろなことをしてくれる。さらに、専用のアプリケーションで、話すスピード、話し方、自己紹介の内容、勝手に歩き回っていいかなど、さまざまな設定ができる。名前も自由に変えられる。決まった時間に決まったことばを話したり、動作をしたりするようにも設定できる。たとえば、お昼ご飯後の「12時半」に、「お薬の時間ですよ」と話すように設定しておけば、その時間に知らせてくれるので、薬の飲み忘れを防ぐことができる。

自然な会話ができる　「パルロ」と呼びかけて「はい」と答えるまでの時間は、0.4秒。会話の途中で相手が不安にならないように、0.4秒から0.9秒の間に、話しかけられた内容に対して答えることができる。また、聞こえてくるさまざまな音から雑音を取り除いて、人の声に集中できるようにしている。

もっと知識　パルロの人工知能（AI）
AIとは、コンピューターで人間のような知能を実現させる技術のこと。人間がコンピューターに指示を出して動かすのではなく、コンピューターが自ら判断して動く技術。パルロ自身のAIと、インターネットとつながっているAIで、自然な会話や動き、豊富な話題、ためた情報をいつでも会話に使える、知らないことばをインターネットで調べるなど、さまざまなことができる。

背中にスイッチ　【発見】
ロボットであることを意識させないように、スイッチをなるべく減らし、背中につけている。

取材協力●富士ソフト株式会社

炊飯ジャー

炊飯ジャーは、ご飯を炊いて、保温する電化製品。炊きあがりを音で知らせてくれるなど、だれもが使いやすく便利にと進化してきた。おいしく炊くための工夫もたくさんあるようだ。

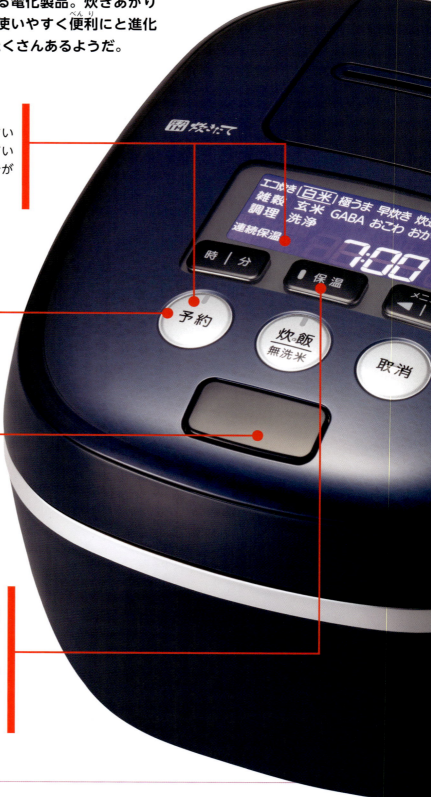

発見：表示が見やすい
ボタンや液晶部分の文字は読みやすい「UD書体」＊を使っている。さわっているときや、動いているときは液晶部分が光って、とくに見やすくなっている。
＊UD書体 ▶P72

工夫：操作しやすい
操作ボタンがふたについていて、上からでも横からでも見やすく、操作しやすい。ボタンも大きくおしやすい。炊飯ボタンや取消ボタンには突起（でこぼこ）がついていて、視覚障害者にもわかりやすい。

工夫：片手で軽く開く
ボタンを軽くおすだけで、ふたが開く。バン！と一気に開かないよう、バネで調整してゆっくり開く。しゃもじをにぎりながらでも指1本でも開けられて、ご飯をらくにお茶わんによそうことができる。

選べる保温
今は少人数の家族が増えて、ご飯を保温しないで冷凍庫で冷凍保存する人が多くなってきている。そこで、保温をするかしないか、保温時間、少し冷めたご飯をもう一度温める再加熱などを選ぶことができるようにしてある。

手入れもかんたん！

ご飯を炊いているときに出る水蒸気やおねば（ご飯を炊いたときに出るねばり気のある汁）がついても、蒸気が出る部分や内ぶたなどは、取り外して洗えるようになっている。

内なべ（かま）のまわりは、少しボコボコになっていて（シボ加工）、おねばやご飯つぶがついても、サッとふくだけできれいになる。

炊飯器の歴史

かつては、ご飯はかまどで炊いてから保温するために木製のおひつやガラス製のジャー（入れもの）が使われていた。1970年ごろ、電気で保温する電子ジャーが登場。その後、ご飯を炊いて保温する1台2役の炊飯ジャーが発売された。

聞こえやすい音

炊きあがりには、音で知らせてくれるので、視覚障害者にも便利。操作をまちがえたときや次の操作が必要なときも音で知らせてくれるが、炊きあがりの音とはちがう音なので気づきやすい。また、高い音が聞こえにくい高齢者のために周波数を工夫して、さまざまな年齢の人にも聞こえやすい音にしている。

高温で炊きあげておいしいご飯に

米にはでんぷんがふくまれていて、水と熱を加えると「アルファでんぷん」に変化する。ご飯がおいしいのは、このアルファでんぷんのおかげ。そして、高い温度で炊くほどおいしいご飯になる。この炊飯器は、内部の圧力を高くして、高温でふっとうさせる工夫をしている。

内なべ（かま）の素材は？

内なべには、アルミニウムやステンレスなど、いくつもの素材が使われているが、内なべの外側には、表面に土のつぶがぬられている。これは、熱の流れを生み出して、むらなくおいしいご飯にする工夫だ。

また、内側はフッ素加工がされているので、ご飯がくっつきにくく、ご飯をよそいやすく、手入れもしやすい。

内なべに取っ手で安全

内なべに取っ手がついているので、ご飯を炊いたすぐ後や保温中に製品から外す場合でもやけどをすることが少ない。

圧力IH炊飯ジャー「炊きたて」

取材協力●タイガー魔法瓶株式会社

もっと知識　電気炊飯器には、IH式とマイコン式がある

IHとは、「電磁誘導の原理」を使って電流を流して発熱させる方法。製品の内側にめぐらせたコイルが発熱して、内なべ全体に熱を伝えるので、高い火力で炊きむらを少なく炊くことができる。
マイコン式とは、底のヒーター部分から加熱する方法。マイコン式の方が製品の価格が安く、比較的消費電力も少ない。

スプーン

自分でおいしく食べられるスプーン

障害があって手の力が弱い人、口のまわりの筋肉や、かむ力、飲みこむ力が弱い高齢者は、一般的に使われるスプーンでは使いにくいことがある。できるかぎり自分の力で食べたいと思う人たちにとって、どんなデザインなら使いやすいかを調べて、工夫して、作られたスプーンがある。

柄は、重さは軽くちょっと太い

一般的なスプーンが約55gの重さなのに対して、このスプーンは35g。

指がふれる部分の面積が大きいほうが、弱い力でも持ちやすい。そのため、中を空洞にして、重さは軽くしながら、にぎったときに安定感のあるしっかりした太さにしている。

もっと知識　ステンレスの質

ステンレスは「ステインStain＝錆（さび）」「レスless＝少ない」ということばからもわかるように、さびにくい素材として生まれた。鉄を主成分に、クロームとニッケルがふくまれている。これらをどのような配分で入れるかでステンレスの質が決まるのだ。

「ライトシリーズ・スプーン」

ライトシリーズ・スプーンの裏にほられている「ステンレス 18-8」というのは、18％のクロームと、8％のニッケルがふくまれているという意味で、スプーンにするステンレスとしては最高級の素材だ。

青芳製作所　秋元 幸平さん

私の息子は、高校生のころから、これがいちばん食べやすいと言って、このシリーズのスプーンを愛用しています。高齢者や、障害のある人のためにと考えて作ったスプーンですが、結果的に、だれにとっても使いやすいデザインになっていると思います。

いまは、もう少し軽くできないか、柄の部分にすべりにくい加工ができないか研究中です。

幅は33mm

口の幅の3分の2ぐらいが、らくにスプーンを入れられるサイズだということが、研究によってわかっている。日本人の口の幅の平均を調べて、その3分の2ということで、このスプーンの幅は、33mmになっている。

発見

くぼみは口に入れる先の部分

スプーンを口に入れたら、くぼみに入っている食べ物を無意識にくちびるでそぐようにして口の中に運ぶ。しかし、一般的なスプーンは、くぼみが奥にあるので、口のまわりの筋肉が弱い人には難しい。そこで、くぼみを手前にして、筋肉が弱くても、口を大きく開けられなくても、らくに食べ物を口の中に運べるようにしている。

工夫

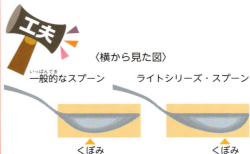

〈横から見た図〉
一般的なスプーン　　ライトシリーズ・スプーン
くぼみ　　　　　　　くぼみ

16gが乗るくぼみ

工夫

一般的なスプーンは、すくう部分が大きく、およそ25gの食べ物が乗るようになっている。でも、高齢者や障害のある人は、大きく口を開けられず、一度にたくさんの量をかめないことが多い。無理にたくさん口に入れたら、むせたりして危険だ。ただ、ある程度の量を口に入れないと「おいしい」と感じられないということもある。

そこで、口腔機能学の菊谷武教授*の研究からわかった「おいしいと感じられる量で、安全に口に入る量」の16gが乗るくぼみにしている。

*日本歯科大学 口腔リハビリテーション 多摩クリニック院長

ゆるやかな丸い形

工夫

一般的なスプーンはだ円形で、日本人は先端から口に入れて使うことが多い。でも、手首やひじ、肩などがうまく動かなくなった高齢者は、スプーンの横から口に入れることが多い。それで口のまわりをよごしたり、食べ物をこぼしたりすることになってしまう。そのためこのスプーンは、どこから口に入れても良いように、ゆるやかな丸い形にしている。

取材協力●株式会社 青芳製作所

青芳製作所は、洋食器製造の盛んな新潟県燕市にある。会長の娘さんに障害があったことから、手が不自由な人にも使いやすいスプーンを以前から作っていた。その知識や技術をもとに、口の機能や福祉製品を研究する先生たちの協力を得て、老人ホームの人たちの意見も聞きながら、2年かけてこのスプーンが作られた。

もっと知識　介助用emリードスプーン

長さ…15ｃｍ　　ヘッド部分…たて42mm×横22mm
重さ…18g　　　材質…18-8ステンレス

食べ物を飲みこむのが難しくなっている高齢者や、障害のある人、病気の人に、介助して食べ物を食べてもらうためのスプーン。

スプーンの裏と表に小さな凹凸（でこぼこ）がついている。凹凸を感じさせることで、「今から食事ですよ」と伝えることができる。また、裏の凸面で舌を刺激して、もぐもぐかむことをうながし、表の凹面で上くちびるを刺激して、口の開け閉めをうながすことができる。

持ち手は介助する人が持ちやすいように長く、一口分の量は安全な2ccだ。

取材協力●ラックヘルスケア株式会社

4 暮らす　スプーン

ハンドル（持ち手）

手にぴったりと合うように、カーブがついた形。小指が当たる後ろ部分が少し曲がり、指にかかるので、包丁を落とすことが少ない。

スタンドスティック（右ページ）を穴にさし、ゴムバンドをつければ、包丁をにぎる力が弱い人でも、手にしっかり固定することができる。

包丁本体＝ハイカーボンステンレス鋼
ハンドル＝ポリプロピレン
保護カバー・包丁立て（ネジまわし）・スタンドスティック＝ABS樹脂

穴

ハンドルの方向を選んで使いやすく

ハンドルが、下向きと上向きの2方向の向きに、そして、それぞれ6段階の角度に変えられる。

使う人の手首の力の強さや、どのくらい曲げられるのか、どう曲げにくいのかといった、使う人それぞれの状態に合わせて、使いやすい位置を探し、そこにハンドルを固定する。すると、自分だけの使いやすい包丁ができあがる。

ネジ

下向きハンドル

❶低い調理台でも力が入れやすい。
❷包丁とハンドルが平行で一般の包丁に近い。
❸ハンドルの後ろが下がることで、手首への負担が少なくなる。後ろの部分がまな板に着いて支点＊となり、上からおさえるだけでらくに切れるようになっている。

＊支点・力点・作用点「てこの原理」　▶P105

上向きハンドル

❶手首に障害のある人でも、らくに持って力が入れられる。
❷座って包丁を使うときに、らくに持てる。
❸アイロンを持つような形になり、手に力が入れられなくても、上からからだを使って力を入れられる。

122

UDグリップ包丁

力が弱くてもらくに使える包丁

室町時代から、優れた刀工（日本刀をつくる職人）の街として知られる岐阜県関市。今は、包丁やナイフ、ハサミなど、刃物の街として有名だ。ここで、だれでもらくに使える包丁ができた。高齢者や、病気のせいで手の力が弱くなっている人たちのために、アイデアと工夫を形にした、使いやすい包丁だよ。

ハンドルの向きと角度の変え方

必ず包丁の刃に保護カバーをつけてから変える。
備えつけの器具で、ネジをゆるめ、反対側のナットネジをぬき取る（ネジが少しゆるんでも、かんたんに角度は変わらない。使っているときにハンドルが外れたりしない）。
ハンドルを下向きか上向きか、好きな位置に合わせ、ナットネジの向きで好きな角度を決め、またネジをしめる。

包丁立てで、ネジ回し。そして？

ハンドルの方向や角度を変えるために使うネジ回しは、切れこみに包丁を置くと包丁立てにもなる。また、固いものを切るときに、包丁の上からこれをかぶせておすことで、力を入れやすくする補助具にもなる。

- スタンドスティック
- 包丁立て
- ネジ回し

包丁の刃
刃はうすめで、一般の包丁より軽くなっている。

有限会社ウカイ利器
鵜飼 茂樹さん

病気で握力が弱ってしまった人が、「包丁を落としたら危ないから、もう料理はしないで」と家族に言われたそうです。でも、「この包丁なら安全に使えて、自分で料理ができることがうれしい」と言われたときは、とてもうれしかったです。
使う人の意見を聞いて、自分でも使ってみて、何度も改良しながら作っています。お金がもうかる仕事ではないけれど、だれかがやらなくちゃいけないことだと思ってがんばっています。

取材協力●有限会社ウカイ利器

ベッド

だれでもぐっすり眠れるベッド

赤ちゃんから高齢者まで、どんな人でも毎日すること、それは「眠ること」。キミはどこで眠っているかな？からだの大きさや、体重やねかたに合わせて台の固さを調整できるベッドがあるよ。

そりがある板ばね

ベッドの台の部分には、そりのある「板ばね」（ウッドスプリング）が、3本1組で、13組並べられている。

1枚1枚の板ばねは、うすいブナ材を重ねた構造で、しなりに強く、人がねても折れない。

板ばねの取りつけ先

板ばねは、弾力のある「樹脂」でできた器具に取りつけられている。

この上にマットレスをしいて、使うよ。

取材協力●カリモク家具株式会社

取り外しできる板ばね

3本の真ん中の板ばねは、取り外しができる。取り外すと、ばねの反発力が減って、からだがしずみやすくなる。取り外した板ばねは、別の板ばねの下につけ加え、固くすることもできる。

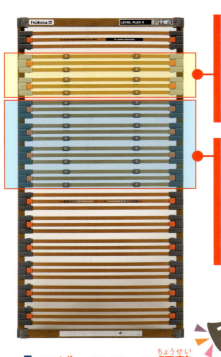

肩の部分
横向きにねる人は、肩の部分がしずむように調整すると良い。取り外しできる板ばねを外してもよい。

腰と尻の部分
たとえば女性の場合は、腰のくびれのあたりを固めに、尻の部分をやわらかめに調整することで、からだに合う感覚が得られる。

アジャスターで調整
13組ある板ばねのうち、6組にアジャスター（調整器具）がついている。この6組の板は上下2枚1組になっていて、アジャスターを動かすことで、ばねの強さを調整できる。

アジャスターを外側に動かすと、ばねの反発が強く、板ばねは固くなり、内側に動かすとやわらかくなる。やわらかいとからだの重みでしずみ、固いとしずみにくい。からだの大きさやねかた、固さの好みなどで調整する。

カリモク家具株式会社 新横浜ショールーム
小室 澄絵さん

20数年前に祖母のために木製のリクライニングベッドを購入しました。祖母は、このベッドで食事をしたりテレビを見たり、介護を受けたりしていました。その後、父がリビングでテレビを見るときにリクライニングしてソファーのように使っています。

使う人や、からだの条件が変わっても、長く使えるのが良いところです。たとえば、妊娠するとお腹がだんだん重くなってきますが、からだの変化に合わせて調整をして、腰の負担が軽くなったという方もいらっしゃいます。

実際にねてみないとわからないと不安なお客様に、「レベルフレックスのベッドは、調整の方法でねごこちが後からでも変えられるので、安心してお使いください」と、ご案内しています。

リクライニング機能 発見
頭とひざのあたりを持ち上げる機能（リクライニング機能）がある。電動で操作できるから、本を読んだりテレビを見たり、高齢者の介護用ベッドとして使っている人もいる。リクライニング機能がないタイプもある。

レベルフレックス（リクライニング機能つき）

もっと知識 ねるときの「良い姿勢」
ねるときは、立っているときと同じ背骨の状態でねられるのが、らくで良いといわれている。ベッドの固さがちょうど良いと、背骨が立っている時と同じS字カーブをえがいた自然な姿勢になる。

〈あお向け〉　良くない姿勢／良い姿勢
〈横向き〉　良くない姿勢／良い姿勢

4 暮らす　ベッド

電子体温計

やさしくふれて正しく測れる体温計

かぜをひいたときや具合の悪いときに使う、体温計。先が固くて、うまくわきの下に当てられなくて、不安に思ったことがあるかもしれない。この体温計は、先がやわらかく、曲がるので、じっとしていられない人や小さな子どもの体温測定にも便利だよ。

株式会社ドリテック第二開発技術部部長 **高橋 修司**さん

　以前販売していた電子体温計に対して、「固くて冷たい」、「音が小さい」、「画面が小さい」というご意見をいただいていて、それらを改良したのがこの新しい体温計です。

　ずいぶん大きくしたのですが、もっとブザー音を大きく、デジタル表示も大きくしてほしいという意見はあります。

　また、先端をもう少し太くした方が、安定感があるのでは、という意見もあります。それから、もっと短い時間で、たとえば15秒ぐらいで測れないかという意見もいただいています。さまざまな方のそうした意見をとりまとめながら、より使いやすい体温計の開発を続けています。

細くなった部分の長さ（工夫）

短い方がコンパクトで良いという意見もあるが、長さがある程度あったほうが、わきにはさんだままデジタル表示が見やすいという意見もある。これは、少しだけ長めになっている。

電子体温計 TO-102

ここが大切！

電子体温計でいちばん重要な先端の銀色の部分は、ステンレスでできている。この中は空どうになっていて、内側のかべに温度センサーの「サーミスタ」＊がハンダづけされている。このサーミスタから2本の線がのびて、電子基板につながり、ブザー音と温度表示に変換される。

体温計の歴史

1609年にイタリアの医学者サントリオが発明したのが最初。気体が熱でふくらむ性質を応用したものだったが、あまり正確ではなかった。
　その後、水銀の熱でふくらむ性質を利用した「水銀体温計」が、19世紀後半にドイツで生まれた。「水銀体温計」は正確だったので日本でも長く使われてきたが、水銀には毒があるので2020年までに使用を中止するよう、WHO(世界保健機関)が発表している。現在は、サーミスタ＊式という電子体温計が主流になっている。

＊「サーミスタ」は、温度の変化で電気抵抗が大きく変化する部品。

4 暮らす　電子体温計

体温計の正確な測り方

「わきの下」で測る人が多いけれど、ほんとうは「舌の下（舌下）」で測るほうが、短時間で正確に測れるとされている。多くの体温計は、どちらでも測れるようになっている。

正確に測るには、まず、はだの汗などをふきとって、わきの下の場合は、わきの下のくぼみに体温計の先端（銀色のところ）が当たるようにする。舌下の場合は、舌の下の筋のわきに体温計の先端が当たるようにする。電子音が鳴るまで、じっとしていること。

発見　2種類のブザー音でお知らせ

測定が終わると、ブザー音が鳴るけれど、結果が37.8度以上になったら、ブザーのリズムが変わる。この音も大きくしてあるので、気づきやすい。

工夫　やわらかい先端

体温計の先（銀色の部分以外）は、やわらかい素材＊でできている。そのため、はだにつきささるような感じがなく、やさしくフィットする。また、つるつるしたプラスチックより冷たくないという意見もある。

この素材を選んだ理由は、安全であることと、加工するときにほかの部分の素材（ABS樹脂）といっしょに形にできるから。もちろん、先端がやわらかくなっていても、体温計の精度は以前と変わらない。

＊熱可塑性エラストマー（TPE）という素材だ。

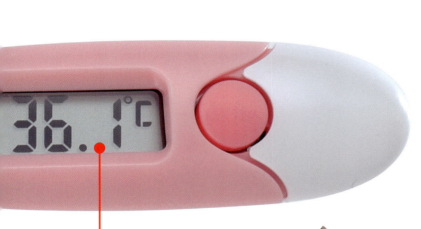

工夫　見やすい表示

デジタル表示の画面が大きく、数字が見やすい。

もっと知識　さわらずに測る体温計もあるよ

「非接触赤外線体温計」という体温計は、大きな血管が流れているこめかみのあたりに、2～3cmはなして、2秒ほどかざすだけで、体温を測ることができる。はだには直接ふれない。

病気などではだにふれないほうが良い場合や、体温計を入れてじっとさせているのが難しい赤ちゃんなどに便利。水温や物体（くだもの、肉、魚など）も測ることができる。ほ乳びんの中のミルクなどもさわらずに測ることができるのだ。

取材協力●株式会社ドリテック

飲み薬

薬をもっと飲みやすいものに

キミは病気の時に薬を飲んだことがあるかな？高齢になると、いろいろな種類の薬をたくさん飲まなくてはいけない人が多くなる。まちがえずに飲むのも大変そうだ。そんな薬を飲みやすくするために、いろいろな工夫があるよ。

取材協力●沢井製薬株式会社

錠剤に名前を書く
錠剤には、薬の番号などがほられたものもあるが、番号だけでは何の薬かわからない。そこで、錠剤そのものに有効成分の名前を印刷して、わかりやすくすることがある。

飲みやすい大きさに
大きい錠剤は飲みにくいけれど、小さすぎるとなくしてしまうこともある。だから、有効成分の量は同じで、あつかいやすい7～8mmの大きさにする。

光をブロックする
薬を保護するために、特定の波長の光をブロックする色素を入れて、着色することもある。

カプセルを錠剤に
カプセル剤は飲みにくいという人が多いので、工夫して、錠剤にする。

口の中ですぐとけるように
ねる前に水分をとると夜中にトイレに行きたくなって困る人もいる。また、外出先で具合が悪くなった時に、水なしでも飲める薬は便利だね。そこで、水がなくても口の中ですぐにとけるように工夫している薬もある。

苦い薬を飲みやすく
薬を味のついたうすい膜でおおうなどして、苦みを感じにくくする工夫もある。これを苦みコーティング技術という。

飲み方の工夫（一包化）
一度に何種類かの錠剤を飲む場合などに、1回分をまとめて1袋にすることがある。飲みまちがえたり錠剤をなくしたりすることもなく、手の力が弱く、薬のシートから錠剤を取り出すのが難しい患者さんにも便利な工夫だ。

効き方の工夫

少しずつ薬の有効成分を放出する
有効成分が少しずつ放出されるように工夫された薬もある。薬の効き目が長く続くので、飲む回数を減らすことができるし、副作用も少なくてすむ。

舌の下に入れる薬
心臓病の発作の薬のように、すぐに効いてほしい薬は、舌の裏側に入れると、口の粘膜からすばやく吸収し、効果を発揮することができる。

薬の包装シートの表示 発見
調剤のときの取りちがい、飲みまちがいを防ぐために、薬の効き目などを、プライバシーに配慮しながら、薬の包装シート（PTPシート）へ表示している。文字は見やすいUD書体＊を使う。
＊UD書体　P72

テープ型の薬もある
特別なテープに薬の成分をしみこませ、皮ふにはって、少しずつ成分を吸収させるタイプの薬もある。薬の効き目が長く続き、副作用も少ない。

沢井製薬株式会社
技術部 製剤技術グループ マネージャー
北村 雅弘さん
信頼性保証本部 製品情報部
松田 佳也さん

沢井製薬はジェネリック医薬品を作っており、薬を飲みまちがえない工夫、飲みやすい工夫をいろいろと考えています。

薬を苦く、飲みにくいと感じるのは、人間が毒を拒絶する防御反応なのですが、なるべく飲みやすい味になるように、工夫をします。ただ、あまりおいしくすると余分に飲んでしまうので、その加減が難しいですね。

シートから錠剤をおし出すときに、固い、痛いなどの意見があったので、錠剤を入れるふくらみ部分のシートの厚さを工夫して、おし出しやすくしました。

薬は、病気で苦しむ患者さんのために作っているので、安定供給されなくてはいけません。お金もかかりますが、患者さんのためにきちんと作っています。

もっと知識
「先発医薬品」と「ジェネリック医薬品」
新しい薬を開発するには、多くの費用と時間がかかる。何もないところから有効成分を研究し、作り出さなければならないからだ。だから、新しく開発された薬には特許が認められて、一定の期間、ほかの会社は同じような薬を作って売ることができない。

このような新しく開発された薬を「先発医薬品」という。特許期間が切れた「先発医薬品」の有効成分を使って、同じ効果を得られるように作られたのが「ジェネリック医薬品」＊だ。ジェネリック医薬品を作る会社は、それぞれに製造方法や添加物を研究して薬を作っているが、開発費をおさえられる分、価格を安くできるのだ。

＊特許が切れるのは有効成分のみの場合もあって、薬を製造する方法や、その過程で使う添加物などの特許がまだ有効だと、先発医薬品とまったく同じものは作ることができない。

注射針

痛くない注射針「ナノパスニードル」

注射は痛くて、こわいという人もいるよね。でも、病気で毎日、1日に何度も注射をしなくてはならない人がいる。自分で注射している子どももいる。そんな人たちがなるべく痛い思いをしなくてすむように工夫された注射針が、ナノパスニードルだ。

工夫 針の先を変形

針の先につける刃は左右対称ではなく、角度を変えてななめになっている。自分で注射をするときは、おしこむように直角に針をさすため、針を皮ふに点状に「突きさす」のではなく、線状に「小さく切る」ことで、痛みを小さくするのだ。

「突きさす」のではなく、「小さく切る」

正面　横

ナノパスニードル34G
（ペン型注入器用使い捨て注射針）

針のいちばん細いところは外側の直径0.18mm、根元の太いところは0.24mm

工夫 先が細くて、根元が太い

さすところが細ければ痛みは減るけれど、全体が細いと薬が入りにくくなってしまう。そこで、根元を太く、先が細い形にし、細い針でも薬の入り方が変わらないようにした。

もっと知識 毎日自分で注射する病気

患者が自分で注射しなくてはならない病気のひとつに糖尿病がある。

糖尿病は、血糖値（血液の中のブドウ糖の濃度）が高くなってしまう病気だ。血糖値を下げる働きをするのはすい臓から分泌される「インスリン」というホルモン。このインスリンが分泌されなかったり、働きが悪くなったりして起こる。

糖尿病の中でも、1型と呼ばれる糖尿病は、すい臓の細胞がこわれてインスリンが作られなくなる病気で、子どものときに発病することが多い。1型糖尿病はインスリンの注射が必要で、多くの人は1日4回、自分で毎日注射しなければならない。

今では薬の研究が進み、1回の注射量も少なくなり、以前は食事の30分以上前に注射をしていたけれど、直前でも効くようになった。

> この1本1本が注射針なんだよ！

取材協力●テルモ株式会社

4 暮らす

注射針

発見 ナノパスニードルは、こんなふうにできている

　一般的な針は、ステンレスのうすい板を丸めて筒状にして、合わせ目をつなぎ、引きのばして細くして、切って作る。

　でも、このナノパスニードルは、ステンレスの板から1本ずつ「金属プレス」という加工技術で作られている。

　たくさんの職人さんが、自分の持っている技術を生かして、こんなに細い針ができたそうだよ。

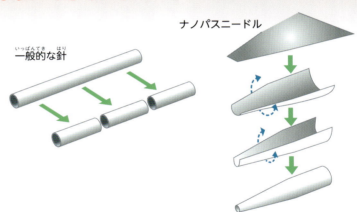

一般的な針

ナノパスニードル

テルモ株式会社　松野 孝生さん

　ナノパスニードルは、開発が始まってから発売されるまで5年かかりました。

　注射針は「薬の注射」のためにありますから、「痛くない」ことよりも大事なのは、薬液をねらったところにしっかりととどけること。インスリンの場合は「皮下」という、皮ふより3mm以上奥に薬液をとどけるのがいちばん大事なことです。だから、この針は痛くなくて、きちんと薬液がとどくように設計しました。

　この形を設計通りに作ってくれる協力先を探すのが大変でした。まず、どんな技術を使えば実現できるだろうかと考えました。パイプを作る技術では岡野工業さん。ほかにも、溶接をしたり、1本ずつバラバラにして刃先を作ったりと、さまざまな技術の会社を探し、各社の技術のいいところをうまく組み合わせて完成させたので、ものづくりとしては、そこがおもしろかったですね。

　社内でも研究所や工場の人間が、いろいろなアイデアや技術を出し合い、人の思いがつながってできたものです。

　これからも患者さんが喜ぶ製品を開発していきたいですね。

131

病院のピクトグラム

入院患者をみんなで助ける「医療看護支援ピクトグラム」

ピクトグラムは、伝えたいことを単純な絵や図記号で表現するもの。病院の中にもさまざまなピクトグラムがある。ここで取り上げるピクトグラムは、入院患者のからだの情報を表して、いろいろな人が患者さんを助けることができるように考えられたものだ。

種類を少なく

あまりたくさんあってもかえってわかりにくくなるので、「食べて」「飲んで」「出して」「動いて」くらいにしぼって、デザインしてある。

移動

患者がベッドから移動するときの注意を表したもの。歩行器や車いすなど、移動するときに用意しなくてはならない物がわかる。

排せつ

トイレに関すること。患者がベッドの上で排せつしているのか、ポータブルトイレを使っているのかがわかる。

姿勢

ベッドの頭の部分をどれくらいまで上げてよいかを表したもの。30度、45度、60度の角度がわかりやすく入っている。

ピクトグラムの歴史

言葉ではなく絵や図で伝えることは、昔から行われてきたが、現在のシルエットのようなサインになったのは、1920年代にオーストリアの教育者・哲学者のオットー・ノイラートとイラストレーターのゲルン・アルンツによって作られたものが始まり。

日本では、1964年の東京オリンピックのときに、日本語がわからない外国人観光客が迷わないようにと競技種目のピクトグラムが作られたのが始まりで、そのデザインは世界的にも評価された。

東邦大学看護学部看護学科 高齢者看護学研究室教授

横井 郁子さん

入院患者さんが転んだり、ベッドから落ちてけがをする事故が起きることがあります。患者さんがトイレに行きたいと思っても、遠慮して看護師を呼ばずにひとりで行こうとしてしまうのです。こうした事故を防ぐには、看護師を呼んでもらえばいいのですが、患者さんのそばにいる人が手伝えばすむこともあります。ただし、患者さんの状態によっては、車いすを使わないといけない、検査のために尿を捨ててはいけないなど、制約がある場合もあります。患者さんの日常生活の動作の情報を、わかりやすいピクトグラムでベッドサイドに表示して、患者さんの療養生活をみんなで支えたいと考えてつくりました。

4 暮らす　病院のピクトグラム

ここで紹介しているピクトグラムは、特定の病院で使われてるものだよ。

取材協力●ベッドまわりのサインづくり研究所

飲み物
患者が飲む水分に関するもの。左から量に制限がある人、薬を飲むときに水分をとっていい人、飲んだ量を測っている人を表している。青い丸がついているのは「飲んでも大丈夫」のピクトグラムだ。これがはられたら、きっと患者もうれしいよね。

職員共有
患者への医療的な処置に関するもの。注射の位置や時間など、まちがえたら大変なので、しっかり確認できるようにわかりやすくしている。

食事
食事の制限に関するもの。左から飲食の禁止（2種類）、朝だけ、昼だけ、夜だけ禁止のマークだ。

ベッドサイドの使用例　発見

ピクトグラムは、裏が磁石になっていて、ベッドサイドにはって使う。医師や看護師がピクトグラムを確認して、患者とのコミュニケーションのきっかけにできることが大切だ。

自分の病気や状態を知られたくない人もいるので、表示するときは、患者の同意を得る。

病院には、医師や看護師などのほかにも、事務職や清掃職など、たくさんの人が働いている。面会に来る人もいる。そういう人たちが、患者の状態を理解し、みんなで見守っていけたら、安心して療養できるよね。

作ってみよう！「ピクトグラム」▶P134

133

作ってみよう！ピクトグラムを作ってみよう！

これは何のマーク？

　これは、学校やデパート、ショッピングセンターなどで見たことがあるはず。非常口のマークだね。火事などの災害があったときは、この緑色のマークをたよりににげるんだ。

　このように、ひと目見ただけで情報や注意することが伝わるように、かんたんな形で表したものを、「ピクトグラム（Pictogram）」、または「ピクトグラフ（Pictograph）」というよ。「絵文字」や「絵ことば」などと呼ばれることもあって、駅や空港、デパートやショッピングセンターなど、たくさんの人が行き交う場所で使われている。

　ピクトグラムは、「伝えたいこと」を文字や文章で表す代わりに、「図や絵」で表現することで、多くの人にわかりやすくなっている。

　国やことばのちがい、年齢や性別などにかかわらず、さまざまな人にわかりやすく伝えること。これが、ピクトグラムの大切な役目だよ。

　町に出てみると、非常口のピクトグラム以外にも、トイレやエスカレーターなど、たくさんのピクトグラムを見つけられるはずだ。探してみよう！

日本のピクトグラム

　日本でピクトグラムが広く使われ始めたのは、1964年に東京で開かれた「第18回夏季オリンピック・パラリンピック」がきっかけだった。当時の日本は、まだ海外旅行もめずらしく、日本にやってくる外国人も少なかった。そんななか、たくさんの外国人が一度にやってくることになったのだ。

　そこで作られたのが、競技種目、トイレや公衆電話などの設備を表すピクトグラム。とくに競技種目を表すピクトグラムが統一的に作られたのは、世界で初めてだった。これが世界で高く評価されて、その後のオリンピック・パラリンピックでは、開催される各国で、そのたびにデザインされるようになったそうだよ。

世界でも非常口はこのピクトグラム

　さて、非常口のピクトグラムの話。1970年代、非常口のマークは、漢字を使っていたり、小さくて見づらかったり、場所によってばらばらだった。そのため、どこが非常口なのかわかりにくく、デパートで火事が起きたときに、たくさんの死者が出てしまったことがあった。このピクトグラムは、その事件をきっかけに、日本国内で公募して生まれたものなのだ。

　そして1987年、このピクトグラムが国際標準化機構（ISO）＊の安全標識の世界規格に正式に採用された。ISOは、定期的に図案を見直しているけれど、日本のデザインは今も引きつがれているよ。だから、もしキミが海外に出かけることがあっても、きっとこのピクトグラムを見つけることができるだろうから、安心だね。

　最近の非常口は、LED＊照明でこのピクトグラムを内側から照らし、マイコンを内蔵していて、もしもの場合は、フラッシュ点滅し、音声でも知らせることができるそうだ。

＊国際標準化機構（ISO）は、どこの国に行っても使いやすくするために、工業製品や農産物の国際的な規格を作る団体。
＊LED P48

「落とし物入れ」のピクトグラムを作ろう

ピクトグラムの作り方のひとつを紹介するよ。実際に作ってみると、さまざまなピクトグラムがどんな工夫をしているかが、わかるはずだ。

ピクトグラム作りで大切なこと

ピクトグラムを作るときに大切なのは、まず、目的をしっかり考えること。①何を伝えるか、②だれに伝えるかを決めておくことだ。それから、③大きさ、④何を絵にするか、⑤文字を入れるかなどを決め、⑥下絵を作ってみる、⑦かんたんにする、⑧みんなの意見を聞く、⑨実際に作って使ってみるという順に作っていく。

① 何を伝えるか

「もし落とし物を見つけたら、この中に入れること」、そして、「落とし物をした人は、その中を探すこと」。この2つが、主に伝えたいこと。

② だれに伝えるか

クラスの全員に伝えたい。クラスには、どんな人がいるかな？　それぞれの人のことを思って、みんなにわかってもらうためには、どんな工夫が必要か、考えながら作っていく。

③ 大きさを決める

どこにどうやって表示するかによって、見やすい大きさがちがう。今回は、教室の後ろの棚の上に「落とし物入れ」の箱を置くことにして、箱に直接はることができるような大きさにしよう。

④ 何を絵にするか決める

「落とし物」から、いろいろ想像して何を絵にするか決めよう。落とし物で多いのは、どんなものかな？　どんなときに落とすのかも考えてみよう。

ポイントは、あまりたくさんの物を選ばずに、ひとつかふたつくらいにすること！

⑤ 文字を入れるか決める

絵だけではわからない人もいるかもしれないので、入れることにしよう。「おとしもの」と書くよ。

⑥ 下絵を作ってみる

用紙とペンを用意して、下絵を描いてみよう。丸にするか四角にするか、それも決めて、描いてみるよ。

⑦ かんたんにする

ひと目で内容がわかるように、絵柄をかんたんにしていく。遠くからでもわかるように、実際にいろいろな距離に置いて見てみるといい。

色もたくさん使わないように。禁止したいことは、赤でななめの線を入れたり、黄色と黒で目立たせたりすることが多いよ。

⑧ みんなの意見を聞く

これで本当にわかるかどうか、みんなの意見を聞いてみることが大切だ。足りないところはないかな？　もっと線を太くしたほうがいいかな？　点字は入れたほうがいいかな？

⑨ 実際に作って使ってみる

白い紙に絵を描いて、切り取り、箱にはってみよう。注意することなどは、箱の横に書いてみたよ。

インターネットで使われるアイコンや、LINEのスタンプなどもピクトグラムのひとつ。自分のアイコンやスタンプを作ってみるのも、楽しいね。

障害者差別解消法
って、何だろう？

「障害者差別解消法」の、正式な名前は「障害を理由とする差別の解消の推進に関する法律」という。つまり、障害を理由に、差別をしたり、人の権利を侵害したりしてはいけない、そんな差別をなくしていこうという法律（国の決まり）だよ。
　この法律は、2016年（平成28年）4月1日から施行＊された。
＊法律などが実際に運用されること。

少し難しいかもしれないけれど、大切なことだから、勉強しよう。

この法律は、全部で26の条文と付け加えられた9つの条文（附則）でできている。そのうちの、とくに大切な第1条から20条までを解説するよ。

この法律がめざしていること

第1条

「障害者差別解消法」の第1条には、この法律の「目的」が書いてある。

実は、この法律は、1970年（昭和45年）にできた「障害者基本法」の考え方をもとにしている。それは、**すべての国民には、障害のあるなしに関係なく、基本的人権があること。そして、人間としての誇りをもって、生活する権利がある**という考え方だ。

「障害者基本法」の第4条には、障害者を差別することを禁止すると、はっきり書いてある。そして、==「社会的障壁」==を取りのぞくための==「合理的な配慮」==をしなければ「差別」になるよとも書いてある。

> 「合理的な配慮」については、第7条と第8条に具体的に書いてあるよ。

> 「社会的障壁」については、次の「ことばの意味」を読んでみよう。

「障害者差別解消法」はその考え方をもとにして、実行できるように、もっとくわしく具体的なことがらを決めた。だから、この法律がめざしているのは、**すべての国民が障害のあるなしに関係なく、おたがいにその人の人間性と個性をうやまいながら、生きていける社会をつくっていこう**ということなのだ。

ことばの意味

第2条

> ことばは書いた人と読む人、話す人と聞く人で、いいたいことと受け取り方がちがうことがあるから、ことばの意味をしっかり決めることは、大切だね。

第2条では、この法律の中で使うそれぞれのことばがどんな意味なのか、書かれている。

この法律の中で、「障害者」というのは、身体障害、知的障害、精神障害（発達障害をふくむ）、そのほか、脳やからだの機能に障害があって、その障害や社会的障壁のために、毎日の生活や社会生活を送るときに大きく制限を受けてしまう人のこと。

> この法律は、障害のある人すべてが対象だということ。たとえば、障害者手帳を持っていない人も対象になるのだ。

> なかでも、はっきりさせておきたいのが、「障害者」ということばと「社会的障壁」ということばだ。

「社会的障壁」というのは、障害がある人にとって、毎日の生活や社会での生活をするときに、さまたげとなる社会のものやこと、制度やならわし（ふだん習慣として行っていること）、考え方など、すべてのこと。

みんながしなければならないこと
第3条〜第5条

　第3条には、国や地方公共団体がしなければならないことが書かれている。
　国や地方公共団体は、この法律の考え方をしっかり理解して、障害を理由にした差別を止めるよう、必要な方法を決め、それを実行しなければならない。
　第4条は、国民がしなければならないこと。
　第1条で決めた「目的」を実現するためには、障害が理由で差別されることがなくなることがとても大切だ。だから、国民は、障害を理由に差別することがないように努力しなければならない。
　第5条は、行政機関や事業者（会社や店など）がしなければならないこと。
　社会的な障壁（バリア）を取りのぞくために必要で、また「合理的な配慮」（P139〜141）をしっかりと行うために、施設の構造を改めたり、設備を整えたり、そこで働いている人たちの研修をしたりして、必要な環境を整えるように努力しなければならない。

政府が決める基本的な方針
第6条

　この法律をきちんと実行するために、政府は、次のことについて基本的な方針を決めなければならない。
①基本的な方向　②行政機関が行う基本的なこと　③事業者（会社や店など）の行う基本的なこと　④そのほか、大切なこと
　内閣総理大臣は、この基本的な方針の案を作り、閣議の決定を求めること。また、内閣総理大臣は、この案を作るときには、障害者や関係者の意見を盛りこむために、前もって、障害者政策委員会の意見を聞くこと。そして、閣議で決まったら、すぐにその基本方針を公表しなければならない。

どんなことが禁止されているの？

第7条 ～ 第13条

> ここには、「差別をなくすためにはどうすればいいか」という大切なことが書かれているよ。

　第7条と第8条には、障害を理由とする差別の禁止について書かれている。
　ひとつは、国・都道府県・市町村などの役所や、会社や店などの事業者が、障害のある人に対して、障害を理由にして差別すること（「不当な差別的取りあつかい」）の禁止。
　もうひとつは、障害者から「社会的障壁」を取りのぞいてほしいという要望があったら、無理なことでないかぎり、その障害者の性別や年齢、障害の状態に合わせて、「合理的な配慮」を提供しなければならない（会社や店などの事業者の場合は、「合理的な配慮」をするように努めなければならない）。

> このことを、もう少し具体的に考えてみよう。

「不当な差別的取りあつかいの禁止」とは

　「見えない」「聞こえない」「歩けない」といった機能障害を理由にして、区別したり、断ったり、行動を制限したりしてはいけない。

> この法律には書かれていないけれど、たとえば、次のようなことは禁止されている。

- 役所や会社の受付などで、名前や住所など文字がうまく書けないからといって、断る。
- 病院で医師が障害のある本人を無視して、介助している人やいっしょに来ている人にだけ話しかける。
- 障害を理由に、学校の受験や入学を断る。
- 保護者や介助する人がいっしょにいないと、障害者だからといってお店に入れない。
- レストランなどで、補助犬を連れた人に対して、「動物は店に入れることができません」と断る。ただし、たとえば補助犬が本物かどうかわからないときは、証明書の提示を求め、証明書を持っていないときは、断ることができる。

「合理的な配慮の提供」とは

> このことも、もう少し具体的に考えてみよう。

　障害のある人から「社会的障壁」を取りのぞいてほしいという要望があったときのことを考えてみよう。

それが、提供する側にとって、とても大変なことだったら、なぜそれが大変なのかと理由を説明する。そして、別の方法を提案したり、話し合ったりして、理解を得るように努力しなければならない。

たとえば、障害のある人から「階段は上がりにくいからなんとかしてほしい」という要望（お願い）があったとき。階段の横にスロープを取りつける工事をするとしたら、とても費用と時間がかかる。そこで、車いす用のリフトを取りつける、必ず人が来るようなブザーをつけて手を貸してくれる人を呼べるようにするなど、さまざまなことを考えて、要望を出した人と相談して、いちばんいい方法を決めていく。

> 大切なのは、要望を出した人と相談しながら、工夫することだよ。

> もし、高齢者が多い場所だったら、動く手すりを取りつけることも考えられるね。
> ●動く手すり P18

ユニバーサルデザインの工夫の出番だよ！

「合理的な配慮」には、たとえば、ほかに次のようなことがある。

- 多くの人が集まる発表会や講演会などで、車いす席を設けたり、手話通訳をしたり、字幕で話がわかるようにしたりする。
  - ●UDトーク P54
  - ●UD映画館 P86
  - ●スタジアム P88
- 障害のある人から、「自分で書くのが難しいので、代わりに書いてほしい」と伝えられたとき、その人の意見を聞きながら、代わりに書く。
- 思っていることや考えていることを伝え合うために、絵や写真のカードやタブレット端末などを使う。
  - ●コミュニケーションカード＆スタンプ P74
- 電車やバスの出入口に段差があるとき、スロープなどを使って、車いすの出入りを補助する。
  - ●観光バス P32
  - ●コミュニティバス P34
  - ●駅のホーム柵 P40
- 発達障害のある人のために、ほかの人の視線をさえぎる空間を用意する。
  - ●UD映画館 P86

学校ではどんな「合理的な配慮」ができるかな

この法律は、すべての障害のある人を対象にしているから、もちろん、子どもにも当てはまる。

学校でも、みんなが同じように勉強できるように、さまざまな配慮（工夫）が考えられるね。たとえば、

- 視覚に障害があったり、聴覚に障害がある人は、座席を教室の前のほうにする。
- 発達障害のある人が、授業に集中できるように、ノイズキャンセリングイヤホン（雑音が聞こえなくなるイヤホン）などの器具を使えるようにする。
- 聴覚障害のある人が、UDトークを使って授業を受ける。
  - ●UDトーク ▶P54
- 車いすを使っている人のためにスロープや多機能トイレを用意する。
  - ●公共トイレ ▶P100

などなど。どうすればみんなと同じように勉強できるのか、おうちの人と学校に相談して、少しずつでも不便なことがなくなるようにしていくといいね。

> 工夫をすれば、解決できることがたくさんありそうだ！

続く第9条〜第13条には、この2つの禁止事項を守るために、行政機関や会社や店などの事業者はしっかり対応するようにと書かれている。

体制や環境を整える
第14条〜第20条

第14条〜第20条は、この法律をみんなに守ってもらうための体制や環境を整えようという条文だ。

この法律をみんなに知ってもらうように努力すること、さまざまな情報を集めること、「障害者差別解消支援地域協議会」という会を作って、障害者からの相談に乗ったり、問題が起きないようにするために活動をすることなどが決められている。

> 決まりを作っても、みんながその決まりを知らなければ、守られないよね。それに、障害のある人が、「ここを直してほしい」と思っていることを、伝えやすくすることも大切だよ。

> さて、この法律で、社会はどう変わるだろう。キミは何ができるかな？ きっともっといっぱいの「工夫」ができてくるだろうね。楽しみ！

 もっとくわしく知りたい人は　内閣府のホームページで「障害を理由とする差別の解消の推進」のページを見てみよう。
http://www8.cao.go.jp/shougai/suishin/sabekai.html

★ことばの右側にある数字は、そのことばのことがのっているページだよ。

あ
ICカード	44・46
アレルギー	99

い
いろポチ	94
動く手すり	18

え
駅のホーム柵	40
LRT	38
LED	48
LGBT	60・71
エレベーター	52
エンボス加工	107

お
音声ガイド	86

か
階段の手すり	16
会話するロボット	116
外国語メニュー	98
家庭用ラップフィルム	106
可動式ホーム柵	40
考えよう！	14・65・91・102
観光バス	32

き
義肢装具士	26
義足	26

く
車いす専用エレベーター	89

こ
公園の遊具	90
公共トイレ	101
交差点	48・50
公衆電話	59
交通系ICカード	46
小型ノンステップバス	34
コミュニケーションカード	74
コミュニケーション支援ボード	74
コミュニケーションスタンプ	74
コミュニケーションボード	76
コミュニティバス	34

さ
サイトライン	88
探してみよう！	52・64・92
さわる腕時計	96

し
視覚障害者誘導用ブロック	12・14
色相環	94
自動改札機	44
自動券売機	42
手話	66
手話言語法	66
触図	82・98
触図ペン	80
食品容器	110
食品ラップ	106
地雷探査ロボット	115
調べてみよう！	8・65
信号機	48
人工知能	116

す
炊飯ジャー	118
スタジアム	88
ステープラー	104
スプーン	120
スマートフォン	58

せ
性的少数者	60

た
体温計	126
体験しよう！	68
多機能トイレ	92・101
ダッタカモ文明の謎	78
試してみよう！	85・112
多目的トイレ	92・101
だれでもトイレ	101

142

ち

注射針（ちゅうしゃばり）	130

つ

作ってみよう！	76・134

て

テーブルゲーム	78
てこの原理	105
手すり	16・18
電子体温計	126
点字（てんじ）	62
点字シール（てんじ）	65・109
点字つきさわる絵本（てんじ）	82
点字メニュー（てんじ）	98
点字ブロック（てんじ）	12・14
電動アシスト自転車	28
電動車いす	20・22

と

胴着（どうぎ）	24

な

7つの原則（げんそく）	8

の

飲み薬	128

は

ハーネス	24
白杖（はくじょう）	10
パルロ	116
ハンドソープ	108

ひ

ピクトグラム	134
病院のピクトグラム	132

ふ

ファミリーレストラン	98
ブラッドリータイムピース	96

へ

ベッド	124

ほ

ホームドア	40
包丁（ほうちょう）	122
歩行器（ほこうき）	30
歩行誘導ソフトマット（ほこうゆうどう）	12
歩行者信号用押ボタン箱（ほこうしゃしんごうようおしボタンばこ）	50
補助犬（ほじょけん）	24

み

みつろうペン	80
ミライスピーカー	84
みんなのトイレ	101

ゆ

UD映画館（ユーディーえいがかん）	87
UD絵本（ユーディー）	82
UDグリップ包丁（ユーディーほうちょう）	123
UD書体（ユーディー）	72
UDタクシー（ユーディー）	36
UDデジタル教科書体（ユーディー）	73
UDトーク（ユーディー）	54・56
ユニバーサルデザイン	2・8

よ

容器（ようき）	112
洋服のタグ	94

ら

ライトレールトランジット	38
ラップフィルム	106

り

リフトつき大型観光バス（おおがたかんこう）	32

る

ルンバ	114

れ

レインボーフラッグ	61
レストラン	98
レストランのメニュー	98

ろ

ロービジョン	10・12
ロボットアシストウォーカー	30
路面電車	38
ロボットそうじ機	114

わ

わさびチューブ	110
わんぱくゆうぐ	90・92